KB181564

운동은
이렇게

운동은 이렇게

변화를 꿈꾸는 사람들을 위한 지침서

1판 1쇄. 2021년 4월 5일
지은이. 마이클 왈저
옮긴이. 박수형

펴낸이. 정민용
편집장. 안중철
편집. 강소영, 윤상훈, 최미정, 이진실

펴낸 곳. 후마니타스(주)
등록. 2002년 2월 19일 제2002-000481호
주소. 서울 마포구 신촌로14안길 17,
      2층(04057)

편집. 02-739-9929, 9930
제작. 02-722-9960
팩스. 0505-333-9960
블로그. blog.naver.com/humabook
페이스북·인스타그램/Humanitasbook

인쇄. 천일인쇄 031-955-8083
제본. 일진제책 031-908-1407

값 13,000원

ISBN 978-89-6437-368-2 03300

운동은
이렇게

마이클 왈저 지음

변화를 꿈꾸는
사람들을 위한 지침서

—

박수형 옮김

**Political
Action**

Michael Walzer

후마니타스

추천의 글

자신이 몸담고 있는 운동이 실패할 수도 있다는 사실을 직면하는 것으로부터 성장할 줄 알아야만 유능한 활동가다. 그러나 상당수 활동가들은 육체적·정신적으로 지쳐 있어서 실패를 직면한다는 건 이들에게 무척 고통스러운 일이다. 그럼에도 현실에 안주하지 않겠다는 다짐으로 지난 운동의 과정을 냉정히 평가함으로써 변화의 희망을 이어 가고픈 활동가들에게 이 책을 추천한다.　　　　　　　　　　　　　　**김병철 전 청년유니온 위원장**

활동가로서 내 삶의 과거와 현재, 미래를 마주하게 만드는 책이다. "맞아, 나도 이랬는데"와 "맞아, 이렇게 해야 하는데"를 연신 내뱉게 한다. '지금보다 조금 더 자유롭고 조금 더 정의로우며 조금 더 민주적인 사회'를 꿈꾸는 사람이라면, 운동을 하면서 마주치게 되는 현상·문제점·해결책을 모두 짚고 있는 이 책을 통해 마음고생을 덜 수 있을 것이다. 운동의 결과와 영향력을 고민하는 사람들에게 추천한다.　　　　　　**이가현 전 알바노조 위원장**

50년 전, 무려 흑백텔레비전을 보던 시절에 쓰였음에도 불구하고 현재 상황에도 잘 들어맞는다. 운동의 구체적인 모습은 달라졌을지 몰라도 본질은 다르지 않기 때문이다. 어떤 문제를 해결하기 위해 시민들이 모여 운동을 한다. 문제를 완전히 해결하지 못하거나 심지어 어떤 변화도 만들어 내지 못할 수 있다. 그럼에도 운동은 또 다른 운동을 낳고 사회는 그렇게 조금씩 변해 간다. 노동조합을 시작할 때 이 책을 접했다면 시행착오를 덜 겪을 수 있었겠지만, 지금이라도 읽게 되어 다행이다. 『운동은 이렇게』는 운동을 한다면 반드시 봐야 할, 평생 곁에 두고 봐야 할 운동의 지침서다. 시민은 결사를 통해 힘을 갖는다. 모이지 않는 개인이 변화를 만들어 내기는 어렵다. 우리 모두 결사하고 '운동'합시다. **오세윤 네이버 노조위원장**

언제나 새로움을 향해 가면서도, 불완전함을 채우고 좋은 귀감이 될 만한 '선배'는 필요했다. 하지만 구술사처럼 전해지는 운동 이야기나 오랫동안 자리만 지키고 있는 사람들만으로는, 통찰을 얻기보다는 실망감을 더 많이 느껴 왔다. 이 책은 낭만적 서사보다는 '드라이'하게 쓰인 운동 방법론을 담고 있지만, 오히려 나와 같은 현장 활동가들에게는 이런 종류의 참고서가 더 필요했을지도 모르겠다. **이한솔 한빛미디어노동인권센터 이사**

사라와 레베카를 위해

그들이 활동가의 삶을 선택하든 그러지 않든

차례

일러두기

- 본문의 대괄호([ ])와 각주는 옮긴이의 첨언이다.
- 단행본, 정기간행물에는 겹낫표(『 』)를, 소제목, 논문 제목 등의 한국어 표기에는 쌍따옴표(" ")를, 노래·시·영화·연극·텔레비전 프로그램 등에는 가랑이표(< >)를 사용했다.

소개의 글

이 책을 다시 출간해도 좋겠다는 생각은 로스앤젤레스에 있는 고등학생들로부터 시작되었다. 그들은 교내 사회 정의 동아리 회원들로, 대개 이런저런 조직화와 관련된 활동을 구상하고 있었다. 이를 돕기 위해 담당 선생님이었던 (그리고 왈저의 제자이자 내 친구인) 미키 모건은 이 책 『운동은 이렇게』 중 일부를 복사해 학생들에게 나눠 주었다. 글을 읽고 나서 학생들은 선생님에게 이렇게 말했다고 한다. "이거 정말 좋은데요! 우리에게 필요한 거예요." 미키에 따르면, 학생들은 왈저의 글이 "진지하면서도 단순명쾌하고, '이론적'이지도 않고 화려한 수사도 없으며," 주장 또한 "매우 인간적이며 사려 깊다"고 했단다.

그러면서 학생들이 덧붙였던 말이 이 책의 재출간을 이끈 자극제가 되어 주었다. "왜 이런 책을 우리는 모르고 있었던 거죠?" 미키는 이 말을 내게 전하면서 이렇게 말했다. "내가 계속 복사물을 나눠 줄 수도 있지만, 정말이지 누가 책을 다시 출간해 주면 좋겠어."

나는 1971년에 처음 출간된 왈저의 책을 내 서가에서 찾아봤다. (책 표지의 제목은 찢어져 사라졌지만, 저자의 이름은 그대로 남아 있었다.) 학생들이 이 책을 좋아한 이유는 쉽게 알 수 있었다. 하지만 걱정되는 면도 있었다. SNS에 대한 이야기가 없는데 학생들이 실망하지 않을까? 미키는 그렇지 않을 거라고 말했다. "SNS 정치라면 그 친구들이 더 잘 알고 있을 거야. 굳이 말해 줄 필요는 없지." 페이스북에 포스팅된 내용에 '좋아요'를 누르거나 '공유'를 하거나 좋은 트윗 내용을 리트윗하는 것은 그들에게 익숙한 일이었다. 그들은 이미 SNS에서 친구를 사귀고, 팔로우하며, 글을 공유하고 있었다.

학생들은 진짜 문제가 무엇인지 잘 알고 있었다. 사람들로 하여금 내 페이스북 그룹에 가입하고, 내가 속해 있는 조직의 트위터 피드를 구독하며, 내가 기획한 활동의 인스타그램 페이지를 팔로우하게 만들려면, 우선 그럴 만한 사람들을 찾아 함께하자고 설득해야 한다. SNS는 참여한 사람들이 계속 소통을 유지하게 하는 중요한 도구이다. 하지만 그러려면 사람들이 참여하도록 먼저 다가가 말을 걸 수 있어야 한다. 무관심한 사람들은 설득해야 하고, 문제나 해법을 몰랐던 사람들에게는 알려 줘야 하며, 정치에 실망하거나 낙담한 사람들에게는 희망과 영감을 줘야 한다. 사람들과 대화를 나누는 것이 핵심이고, 이 일이 가장 어렵다. 바로 이런 이유 때문에 학생들이 이 책을 그렇게 중요하게 생각했던 것이다.

비록 지금 시기의 주요 문제는 트럼프 대통령과 관련해 무엇을 해야 할지, 다음 선거에서 어떻게 하면 그와 그의 지지자들을 이길 수 있을지 같은 것들이지만,▾ 학생들이 이 책을 좋아한 이유는 따로 있다. 그것은 이 책이 "선거 정치에 관한 방법을 담고 있을 뿐만 아니라 우리가

▶ 이 책은 도널드 트럼프 대통령 집권 시기에 출간되었다.

속한 공동체에서 운동할 때 염두에 둬야 할 일들 또한 망라하고 있"기 때문이다. 정말 그렇다. 지금 미키의 학생들 대다수에게 가장 큰 관심사는 기후 변화이며, 그들은 이 문제를 해결하는 일에 열정을 쏟고 있다.

미키는 나를 초대해 학생들과 대화 자리를 마련해 주었다. 나는, 오늘날 실제 선거 정치에서 중요하게 고려되고 있는 것은 호별 방문 같은 면대면 선거운동이나 지역 주민 조직화가 아니라고 말했다. 선거운동은 무엇보다 정치자금을 모금하는 데 초점이 맞춰져 있으며, 모금한 돈은 대부분 텔레비전 광고비로 쓰인다. 실제로 요즘은 공직 선거를 치르는 데 엄청나게 많은 돈이 들어간다. 2016년 연방 상원의원 선거에는 평균 2000만 달러에 달하는 돈이 소요되었고, 이 가운데 절반가량은 슈퍼팩super PACs▾에서 나왔다. 연방 하원의원 선거에 들어가는 비용

▶ 미국식 정치 후원회의 한 종류로, 정식 명칭은 독립 지출 전담 위원회independent-expenditure only committee이다. 다른 후원회와 달리 후보나 정당에게 직접 자금을 전달할 수 없는 대신 액수에 제한

은 대략 150만 달러이다. 이런 까닭에 후보들은 정치자금을 모으는 일, 대개는 고액 기부자들에게 전화로 기부를 요청하는 일에 시간의 대부분을 할애한다. 텔레비전광고에 쓰고 남은 돈은 대개 여론조사 및 선거 전문가들에게 들어가는데, 그들은 모금이 선거운동의 전부라고 말하는 사람들이다.

그러나 정치학자들은 선거 전문가들과 다른 결론을 제시한다. 그들의 연구에 따르면, 면대면 그러니까 선거운동원이 직접 시민들과 만나 대화를 나누는 것이 부동층 유권자를 설득하고, 선거에 관심 없는 사람들에게 정보를 제공하며, 새로운 지지자들을 끌어내는 가장 효과적인 방법이다. 일대일 대화가 텔레비전광고보다 훨씬 더 큰 효과를 발휘한다는 것이다. 누가 들어도 당연한 말이다. 고액 기부자로부터 돈을 받아 내는 것은 힘든 일이다.

없이 텔레비전광고 등을 통해 간접적으로 선거에 영향을 미치는 활동을 펼칠 수 있다. 이로 인해 선거를 머니 게임으로 만들며 부유한 사람들의 정치 지배 수단으로 자리 잡았다는 비판을 받고 있다.

하지만 선거운동 지원자들을 조직해 매주 집집마다 유권자들을 방문해 자기 후보를 지지해 달라고 설득하고, 누구와 대화를 나눴는지를 기록하며, 선거일에는 그들이 투표장에 나오도록 독려하는 방식으로 강력한 지상전을 펼치는 일은 그보다 훨씬 더 힘들다.

1971년 왈저가 이 책을 쓴 이후 미국 정치에도 많은 변화가 있었다. 그러나 오늘날 우리가 대면하고 있는 상황은 베트남전 시기와 비교해 몇 가지 측면에서 주목할 만한 공통점을 드러내고 있다. 무엇보다도 우리에게 공포와 분노를 안겨 주는 대통령에 대해 우리가 무엇을 할 수 있고 무엇을 해야 하는가라는 문제가 그렇다. 물론 "무엇을 할 것인가?"는 억압적인 체제와 열악한 조건에 처한 좌파들에게는 고전적인 질문이다. 앞에서 말한 고등학생들은 왈저의 책에 좋은 답이 있다고 생각했다. 왈저가 책에도 썼듯이, 그 답은 함께 모여 그룹을 만들고, 만나서 토론하며, 그런 다음 밖으로 나가 사람들과 이야기하는, 이런 일에 "관심과 참여를 요청하는" 데 있다.

그래서 나는 뉴욕 리뷰 북스에서 고전 분야를 맡고 있는 에드윈 프랭크에게 오래된 내 책을 보낸 후 재출간을 제안했다. 그는 이렇게 답했다. "그거 좋은 생각 같은데요."

존 위너

한국어판 서문

지금 나는 코로나19가 전 세계적으로 유행하고 있는 시기에 이 글을 쓰고 있다. 현재 우리는 국가와 국가의 조직적 역량, 그리고 선출직 지도자들의 (무)능력에 주목하고 있다. 정당정치는 다소간 약화된 형태로나마 지속되고 있으며, 선거 또한 적어도 한국에서는 철저한 방역 조치와 함께 예정대로 치러졌다. 그에 반해 운동 정치는 대부분 유예된 상태에 머물러 있다. '자가 격리'는 시민 활동가들이 할 일이 아니다. 우리가 인터넷을 아무리 많이 활용한다 해도 운동이란 얼굴을 직접 보고 대화를 나누며 충분히 긴 시간 동안 모임을 갖고, 피케팅·행진·시위 같은 경험을 공유함으로써 조직되는 것이다.

물론 우리의 시간은 다시 돌아올 것이다. 세계적 유행병에 대한 대응이 국가주의적이며 규율과 감시를 필요로 한다는 바로 그 이유 때문에, 앞으로 도래할 정치는 더욱더 민주적이고 참여적이어야 한다. 이 유행병 사태 속의 진정한 영웅은, (이전까지 충분히 인정받지 못하고 보상받지 못했던) '필수 인력'이라 불리는 노동자들, 이웃을 돕는 사람들, 멀리서도 안부를 챙기는 친구들이다. 지금 이렇게 공동체에 헌신하고 있는 이들 모두가 함께 모여 유행병이 일어나기 전의 개방성을 회복하고 좀 더 정의롭고 환경적으로도 안전한 사회를 건설해야 한다.

이 작은 책은 미국의 시민 활동가들을 위해 썼던 것이다. 한국 또한 시민들이 적극적으로 정치에 참여한 그나름의 역사를 갖고 있는 것으로 알고 있다. 이 책이 한국에서도 번역·출간된다는 것은 내게 매우 기쁜 소식이다. 민주주의 국가에서 시민들은 한 나라의 구성원이라면 누구나 마땅히 누려야 할 모든 권리와, 국가가 제공하는 모든 혜택을 향유하며, 공동체 구성원에게 요구되는 의무를 공유한다. 서로에게 헌신하고 정치 공동체에 충성하며 민주적으로 제정된 법률을 준수하는 것 또한 시민의 의무다. 하지만 특별한 것이 하나 더 있다. 시민들은 공동체의 자산이기도 하다. 시민들은 민주주의 체제를 뒷받침하는 사람들이다. 그들의 정치 참여는 이 체제의 성공에 결정적으로 중요하다.

물론 한 나라의 모든 시민들이 늘 정치에 관여할 필요는 없다. 비록 시민 공화주의civic republicanism 이론가들 중에는 장 자크 루소를 따라, 그렇게 해야 한다고 주장하는 사람들도 있긴 하지만 말이다. 루소는 시민들이 집회로 '달려가야' 한다고 주장했다. 또한 시민들은 사적 활동보다 공적 활동에서 더 큰 행복을 찾아야 한다고 말했다. 분명 우리 가운데에는 그런 방식으로 행복을 찾는 사람들도 있을 것이다. 하지만 어떤 인간 사회에서나 서로 다른 사람들이 다양한 생각과 자질에 따라 자기 삶을 결정하도록 보장하는 다원주의를 인정하는 것이 중요하다. 시민활동가들은 정치에 참여하지 않는 사람들을 존중하는 법도 배워야 한다. 그들은 가족과 직장에 헌신하느라, 혹은 소설을 읽고 영화를 보고 야구나 축구를 즐기는 것이 더 좋아서, 혹은 한걸음 뒤로 물러나 이런저런 의견을 전하는 정도만 하고 싶어서 정치로부터 거리를 두고 있는 것이다. 물론 건강한 민주주의에 필요한 활력, 주장, 선동, 심지어 가벼운 소란을 제공하는 활동가들이 많으면 많을수록 좋다. 반대로 수동적이고 두려움을 느끼며 침묵을 지키는 시민들이 너무 많으면 민주주의는 곤경에 처하게 된다.

활동가들 사이에서도 다원주의에 기반한 상호 존중이 필요하다. 정치운동의 목표가 광범하고 긴급할 때, 이를테면 전쟁의 종식, 혹은 부패하고 전제적인 리더의 퇴진을 요구할 경우, 운동은 수많은 사람들을 거리로 불러모아야 한다. 여기서 핵심은 수數에 있으므로, 우리는 거리로 나오지 않고 자기 집에 머물러 있는 사람들을 나무랄 수도 있다. 그러나 많은 시민 활동가들은 좀 더 작은 목표를 갖고 있거나 지금 당장의 대규모 참여가 아닌 긴 시간에 걸쳐 인내심을 갖고 싸워 나가야 하는 장기적인 투쟁에 참여하고 있다. 또한 늘 투쟁의 현장에서 싸우는 시민들이 있는가 하면, 그들 곁에서 들고 나가기를 반복하며 한동안은 열심히 활동하고 한동안은 물러나 있는 시민들도 있다.

나는 미국의 민권운동과 반전운동에서 오랫동안 나와 함께했던 사람들, 변함없이 운동에 참여하는 이들을 위해 이 책을 썼다. 하지만 이 책이 다른 사람들에게도 다가가기를 바란다. 그들 또한 민주주의에 활력을 불어넣는 사람들이기 때문이다. 이 책은 모든 전업 시민 활동가들, 그리고 이따금씩 운동에 참여하는 사람들을 위한 것이다.

2020년 5월 마이클 왈저

2019년판 서문

약 50년 전 미국이 캄보디아를 폭격할 당시에 썼던 이 책은 그때까지 10년간에 걸쳐 격렬하게 진행된 여러 정치 활동에 대한 경험과 성찰을 담고 있다. 나는 모든 종류의 시민운동가들에게 도움이 될 만한 지침서를 쓰고 싶었기 때문에, 1960년대의 정치 상황에 대한 구체적 언급은 피하고 가능한 한 보편적인 관점에서 이 책을 썼다. 그러나 이 서문에서는 새로운 독자들을 위해, 내가 어떻게 시민운동가의 길을 걷게 되었고 왜 이 책을 쓰게 되었는지와 관련된 내 경험 몇 가지를 소개하고자 한다.

운동 정치는 젊은이들의 몫인 경우가 많다. 내가 꽤나 젊은 25세의 나이로 우울한 대학원 생활을 하고 있을 때, [진보 성향의 정치·문화 계간지] 『디센트』*Dissent*의 편집장 어빙 하우가 내게 노스캐롤라이나로 가보라고 권했다.

가서 울워스 식당에서 연좌시위▼를 벌이고 있는 흑인 대학생들을 만나 이야기를 나누고 그 내용을 글로 써보라는 제안이었다. 1960년 2월의 울워스 연좌시위는 '60년대'의 시작이었다.

나는 그들과 대화를 나눴고 그들에 관한 글을 썼다. 하지만 더 중요한 것은, 내가 보스턴 일대의 자유주의자들과 좌파 사람들을 도와 사회통합 비상위원회Emergency Public Integration Committee(EPIC)를 조직했고, 그 구성원들이 남부 지역 연좌 농성에 대한 연대의 표시로 울워스 백화점 앞에서 피켓 시위를 벌였다는 사실이다. EPIC은 처음부터 좋은 평판을 얻었고(이것도 중요하다), 가장 왕성하게 활동할 때는 보스턴과 그 인근 지역 40여 개 백화점 앞

▶ 1960년 2월 네 명의 흑인 대학생들이 노스캐롤라이나 주 그린즈버러에 있는 울워스 백화점 식당에서 점심 식사를 주문했지만 이를 거부당하자 계속 자리를 지키며 평화적인 시위를 벌인 활동. 당시 미국 남부 지역에서는 식당, 화장실, 버스 등의 공공시설을 백인용과 흑인용으로 나눠 사용하도록 하는 인종차별이 널리 자행되고 있었는데, 울워스 시위를 계기로 유사한 연좌시위가 폭넓게 확산되며 1960년대 민권운동이 시작되었다.

에서 시위를 벌이기도 했다. 함께 대학원을 다니고 있던 내 친구는 그 모든 일을 배후에서 만들어 낸, 조직화의 천재였다. 나는 우리가 하고 있는 일들을 설명하고, 이 지역 대학 곳곳에서 피켓 시위에 참여할 학생들을 모집하는 일을 맡았다. 또한 EPIC이 혁명에 동참하기를 바라는 극좌 이데올로그들에 맞서 논쟁을 벌이기도 했다. 변호사들이나 피켓 시위대 조장들과 의견을 조율하며 경찰과 협상을 벌이는 일도 마다하지 않았다. 경찰은 대체로 쌀쌀맞게 굴었지만 신중하고 올바르게 행동했으며, 우리가 쇼핑객들을 위협하지 않는 한 시위대를 공격하지 않았다.

우리의 운동은 단일 이슈 정치였다. 우리는 미국의 인종주의가 백인 전용 식당이나 화장실의 흑백 분리, 버스 뒷자리의 흑인용 좌석을 넘어서는 문제라고 생각했지만, 남부 학생들이 주도하는 저항운동을 따르는 데 전념했다. 우리는 독자적인 운동 단체가 아니었기 때문이다. EPIC은 오래 지속되지 못했다. 1960년 이후 북부의 민권운동 지지자들은 남부로 내려갔고, 보스턴에서 활동하는 대신 앨라배마 행진에 동참했다. 물론 우리는 워싱턴 행진에도 참여했고, 그 자리에서 혹은 라디오로 마틴 루서 킹 목사의 그 유명한 연설 "나에겐 꿈이 있습니다"I Have a Dream를 들었다. 그러나 장기적으로 보면 인종차별이 덜한 것 같지만 여전히 강력한 힘을 발휘하던 북부에서 지역 조직을 계속 유지하는 것이 더 효과적일 수 있었다. 그래서 나는 우리 같은 활동가들이 운동을 지속할 수 있는 방법에 대해 생각하기 시작했다.

민권운동가들은 자연스럽게 베트남전 반대 운동에도 동참했다. 나 또한 이 운동에 참여했고, 여기서도 민권운동 때와 마찬가지로 지역을 기반으로 한 운동에 주력했다. 1960년대 중반 우리는 지역에 기반을 둔 정치활동의 새로운 모델을 갖고 있었는데, 그것은 민주사회 학생연합Students for a Democratic Society(SDS)▼의 지역공동체 조직 방

▶ 1959년에 결성된 신좌파 성향의 전국적 학생운동 단체로 상시적 지도자, 위계적 관계, 의회 제도를 부정하며 참여민주주의를 지향했다. 민권운동과 반전운동에 폭넓게 관여하며 큰 영향력을 발휘했으

안이었다. 1967년 나는 하버드대학 SDS 소속의 몇몇 학생들과 함께 케임브리지 지역 반전 위원회Cambridge Neighborhood Committee on Vietnam(CNCV)를 조직했다. CNCV의 목표는 베트남전 반대를 위해 케임브리지 시 주민들을 동원하는 것이었다. 우리는 동네마다 가가호호 방문해 우리에게 말을 걸어 주는 사람이라면 누구와도 이야기를 나누었고, 흔쾌히 동네 회의를 열어 주겠다는 사람들을 찾아 그들이 마련한 회의에서 반전운동의 주요 입장을 설명했다.

　지역공동체를 조직하는 SDS의 방안은 '지역공동체 사람들'을 찾아 그들을 조직의 리더로 만드는 것이었다. 이런 방식은 진정성 있는 정치가 아니라고 볼 수도 있는데, 젊은 활동가들은 회의실 뒤편에 앉아 있고, 지역공동체 사람이 앞에서 모임을 주재하는 동안 다른 사람들은 진짜 리더의 신호를 살피려 뒤를 돌아보느라 목에 경련이 날 지경이었기 때문이다. 그러나 CNCV에서는 그런 일

　나 1960년대 말부터 조직 내 분열이 심화되었고 1970년대 중반에 이르러서는 사실상 소멸했다.

이 벌어지지 않았다. 우리 모임 초기에 참가했던 사람들 중에는 파트타임으로 일하는 영화 편집자가 있었다. 젊은 엄마였는데 우리들 중 조직화에 대해 가장 많은 것을 알고 있었고, CNCV를 떠난 후에는 법학 대학원에 진학해 인권법 분야에서 뛰어난 실적을 쌓았다. 우리 모임은 꽤 자주 열렸고, 그녀와 함께 공동 대표를 맡았던 나는 모임에서 지나치게 많은 말을 쏟아 내곤 했으며, 트로츠키주의자들의 주장을 반박하는 데 많은 시간을 보냈다.

모든 조직은 활동을 필요로 한다. 운동가들이 말만 하면서 살 수는 없으므로, 무언가 할 일을 찾아야 한다는 이야기다. 그래서 우리는 케임브리지 시 차원에서 1일 반전 집회를 개최하자는 제안을 11월의 투표 안건으로 올리기 위해 주민 발안initiative을 하기로 하고, 이에 필요한 서명을 받는 일에 나섰다. 친한 변호사의 도움을 받아 이 요구를 주민 발안 투표 안건으로 올릴 수 있었고, 우리는 호별 방문을 통해 시민들에게 투표를 독려했다. 또한 외부 지원을 얻기 위해 용기를 내어, 킹 목사에게 케임브리지로 와서 호별 방문에 동참해 달라고 요청했다. 그는 정말 케임브리지로 와주었고 기자들과 카메라 앞에서 시민들의 집을 방문하는 모습을 보여 주었다. 이렇게 우리는 짧게나마 민권운동과 반전운동의 연대를 이뤄 냈다. (그러나 킹 목사의 모범을 따른 흑인 목사는 소수에 불과했다.)

킹 목사도 케임브리지의 백인 거주 지역에서는 큰 도움이 되지 못했던 것 같다. 우리는 11월 투표에서 40퍼센트의 지지를 얻었고, 모든 노동자 거주 지역에서 패배했다. 하버드 광장과 그 인근 지역 사람들만 반전 집회 안건을 강력히 지지했다. 우리는 몇몇 지역공동체 사람들을 조직 활동으로 끌어들이는 데 성공했지만, 좀 더 큰 지역공동체 차원에서 의미 있는 변화를 만들어 내는 데는 실패한 것이다. 그럼에도 CNCV는 최소한 케임브리지의 일부 지역에서만큼은 존재감을 드러냈고, 다른 이슈들까지 아우르며 좀 더 넓은 사회적 기반을 가진 정치조직으로 발전할 수 있으리라 기대해 볼 만했다. (우리 중에는 시의회에 후보를 내자는 이들도 있었다.) 하지만 그런 바람은 현실이 되지 못했다.

정치활동을 하려면 해야 할 일들이 많다. 여기서 중요한 문제는 그 일을 어떻게 배분할 것인가인데, 이는 활동가들이 일에 따른 부담을 피하려 해서가 아니라 오히려 지나치게 열정적으로 끌어안으려 하기 때문이다. 젊은 활동가들은, 학생이든 (나처럼) 업무 부담이 꽤나 큰 대학 강사든, 모든 종류의 조직 활동, 특히 모임에 소요되는 많은 시간을 감당할 수 있다. 그에 반해 지역공동체 사람들은 상대적으로 나이가 많고 직업과 가족도 있어서 정치활동에 할애할 수 있는 시간이 한정돼 있다. 그래서 젊은이들은 시간이 많이 걸리는 모임에서도 끝까지 자리를 지키고 오랜 시간 일하면서 조직 활동을 주도하게 된다. 하지만 젊은 우리는 대부분 매우 강한 이데올로기적 신념을 가진 반면 지역공동체에 뿌리내리지 못한 사람들이었다. 베트남전이 격화되면서 더 이상 도덕적으로 인내할 수 없는 상황이 되자, 우리는 무엇을 할 것인지를 두고 논쟁을 벌이기 시작했다. 케임브리지의 지역 정치는 우리 관심사가 아니었다. 정말이지 전쟁은 지역 정치를 점점 더 사소한 것처럼 보이게 만들었다. 우리는 전국 차원에서 진행되고 있는 논쟁 속으로 빨려 들어갔고, 서로 다른 입장으로 갈라졌다. 결국 CNCV는 내부 분열로 인해 소멸하고 말았다.

우리 가운데 일부는 징집 반대 운동에 참여했다. 극소수는 웨더맨Weatherman▼에 가담해 "전쟁을 국내 문제로 가져오기" 위해 노력했다. 그 밖의 다수는 (내가 그랬던 것처럼) 유진 매카시▼▼의 선거운동을 지원했다. 나는 짧은 기간 동안 매카시와 동행하며 그의 연설문 가운데 일부를

▼ 민주사회 학생연합에서 분리돼 나온 좌익 급진 운동 단체. 폭력 혁명을 통한 미 제국주의 타도와 공산주의 사회 건설을 주창했으며, 실제로 정부 건물 등에 대한 폭탄 테러를 시도하기도 했다. 웨더맨 이라는 명칭은 밥 딜런의 노래 가사, "바람이 어디서 부는지 알기 위해 일기예보관weatherman을 찾을 필요는 없다."에서 따온 것이다.

▶▶ 연방 상하원 의원을 역임했고, 주로 외교위원회에서 활동하며 존슨 행정부의 베트남전쟁 정책을 적극적으로 비판해 의회 내 반전 지도자로 명성을 얻었다. 전쟁 종식을 내걸고 1968년 민주당 대통령 예비선거에 나서 반전 여론의 지지를 얻으며 두각을 나타내기도 했으나, 대선 후보를 결정하는 대의원 다수의 지지를 얻지는 못했다.

작성했다. (그리고 그는 이 책의 초판 서문을 써주었다.) 모든 시민운동이 반드시 선거 정치로 귀결될 필요는 없지만, 당시 나는 그것이 1960년대 후반 반전운동의 올바른 종착역이라고 생각했다. 우리의 중심 과제는 전쟁을 중단시키는 것이었고, 매카시가 그 일을 해주리라 믿었다. 로버트 케네디 역시 같은 기대를 받았지만, 뒤늦게 예비선거에 참여한 탓에 좌파에게 또 다른 분열을 안겨 주었다. 케네디가 암살당한 후 허버트 험프리가 민주당 대선 후보로 지명되었고, 1968년 선거는 민주당의 참패로 끝나고 말았다.

그 후 리처드 닉슨과 헨리 키신저의 주도로 미국이 캄보디아를 침공하는 사건이 벌어졌다. 이를 계기로 워싱턴에서 또 한 차례 대규모 행진이 있었지만 지역 차원에서 다시 반전 정치가 활성화되지는 않았다. 정치적·지적 좌파 내의 분열은 이미 매우 심각한 지경에 이르러 서로 화해할 수 없는 것처럼 보였다. 그러는 동안 내가 할 수 있는 일은 없었다. 정치활동가들은 행동할 수 없을 때 책을 쓴다.

뉴욕 리뷰 북스의 고전 담당 편집자들은, 내가 19 70~71년 동안 썼던 내용 그대로 이 책을 재출간하는 데 동의해 주었다. 초판에서 수정한 부분은 성차별적 대명사들뿐이다. 하지만 그때도 나는 여성들이 우리 운동에서 중심적인 역할을 했어야 한다는 점을 1960년대의 대다수 활동가들보다 더 잘 인식하고 있었다. 이 책은 지난 시대의 역사를 이야기하는 책이 아니다. 오늘의 관점에서 수정할 필요가 있다고 생각되는 유일한 부분은 활동가와 언론 매체 간의 관계를 다룬, 언론에 관한 장밖에 없다.

우리들 가운데 누구도 인터넷이라는 무정부상태가 도래하리라는 사실을 알지 못했다. 인터넷에서는 매일 수천수만 명의 사람들이 글과 이미지를 남기고 교환한다. 참여민주주의처럼 보이는 것이 극단적 양극화와 끝없는 논쟁을 낳고 있다. 물론 뉴미디어는 운동에 필요한 모금과 시위 참여를 독려하는 데 도움을 준다. 또한 마저리 스톤먼 더글러스MSD 고등학교 총기 난사 사건▼ 당시 그랬듯이 새로운 조직화의 일환으로 운동 구호를 확산시키는 데도 큰 힘을 발휘할 수 있다. 그러나 나는 운동 정치를 조직하고 유지하는 데 뉴미디어가 면대면 소통을 대체할 수 있다고 생각하지 않는다. 소그룹으로 모임을 갖고, 그런 모임에서 논쟁을 벌이며, 집집마다 방문해 사람들과 대화를 나누는 일은 여전히 필요하고 중요하다. 『운동은 이렇게』는 바로 그런 일에 관한 책이다.

모든 저자는 자신이 쓴 책이 제2의 삶을 누릴 수 있기를 꿈꾼다. 이 책이 그런 기회를 갖게 된 것에 고마움을 표하고 싶다. 대의를 위해 싸운 모든 정치활동가들은 다시 한 번 그런 싸움에 참여하기를 꿈꾼다. 우리는 지금 나쁜 시대를 살고 있다. '적색 공포'와 이민 반대의 광기가 지배했던 1920년대나 조 매카시의 시대▼▼ 이래 미국 정

▶ 이 학교의 퇴학생이 반자동 소총으로 학생들을 무차별 사격해 17명이 사망하고 수십 명이 부상당한 사건. 이 사건 이후 이 학교 학생들은 'Never Again MSD'라는 운동 단체를 결성했고, #NeverAgain이나 #EnoughIsEnough 같은 해시 태그를 활용해 총기 규제 강화에 대한 지지를 모아 냈다.

▶▶ 미국 역사에서 반공주의가 강력한 영향력을 발휘했던 두 시기(1917~20년, 1947~57년)를 가리킨다. 전자는 러시아의 볼셰비키

치가 이렇게 나쁜 적은 없었다. 우리에게는 저항운동이 필요하고, 오래전부터 노동운동이 내걸었던 다음과 같은 핵심 구호를 기억하는 시민운동가들도 필요하다.

조직하라!▼

2018년 8월 마이클 왈저

혁명과 미국의 제1차 세계대전 참전으로 공산주의와 무정부주의, 유럽 이민자들에 대한 '두려움의 동원'이 이뤄진 시기이고, 후자는 제2차 세계대전의 종결과 냉전 도래의 맥락에서 조지프 매카시 등이 반공 캠페인을 펼친 시기이다.

▶ 1915년 노동운동가이자 작곡가였던 조 힐이 사형을 앞두고 선배 운동가 빌 헤이우드에게 보낸 전보에서 발췌한 구호. 전문은 이렇다. "잘 있어요, 빌. 나는 진정한 반역자로 죽음을 맞이합니다. 애도하는 데 시간을 낭비하지 마세요. 조직하세요." 2010년 미국의 진보적 역사학자 하워드 진이 사망했을 때, 『보스턴 글로브』 신문도 이 구호를 표제로 그의 부고를 알렸다. 도널드 트럼프 대통령에 맞서 싸우는 활동가들 또한 이 구호를 쓴다.

1971년판 서문

약 1년 전 미국이 캄보디아를 침공한 직후부터 몇 주에 걸쳐 이 작은 책의 대부분을 썼다. 이 책은 캄보디아 침공과 이후 시민운동의 분출에 대한 정치적 응답이라 할 수 있다. 이 책은 전문적인 정치학자보다는 아마추어 운동가가 쓴 저작에 훨씬 더 가깝다는 점을 강조하고 싶다. 책에서 묘사하고 (종종) 비판한 정치 행태를 보여 준 사람들에 대해 내가 충분한 거리를 유지했다고 말할 수는 없다. 이 비판들은 여러 모임에서 내가 실제로 말했거나 다른 사람들이 언급했던 것들이다. 그런 활동 속에서 내 친구들과 나, 그리고 분명 내 반대편에 있던 사람들도 느꼈을 희망, 분노, 피로가 책 속에 고스란히 담겨 있다. 이 책의 목적은 독자들에게 일반적인 정치활동이 아닌 특정 종류의 정치활동을 권유하려는 것이다. 내 생각에 이런 활동을 시작하는 최선의 방법은 일단 시민들의 모임이나 운동에서 일상적으로 벌어지는 논쟁에 참여해 보는 것이다.

책을 쓰면서 내가 겪었던 한 가지 어려움을 밝혀 두자면, 시민정치를 다룬 참고할 만한 역사서가 없었다는 것이다. 심지어 전국 단위의 운동조차 그 세부 사항에 대해 알려 주는 내용이 너무 적어 참고하기가 어려웠다. 어쨌든 내 자신의 경험은 지역 단위 운동과 관련된 것이었고, 이런저런 활동에 참여했던 동료들을 제외하면, 특별히 주목할 만한 것은 아니라고 생각되어 구체적인 사례들은 제시하지 않았다. 다만 많은 독자들이 내 조언을 입증해 줄 경험을 가지고 이 책의 부족한 부분들을 보완해 주기를 바랄 뿐이다.

시민정치는 외로운 지도자나 추상적인 이론가의 몫이 아니다. 그것은 대체로 평등 지향적이며 매우 사교적인 활동이다. 이런 활동을 할 때도 사람들은 동료들로부터 많은 도움을 받으며 함께 어울려 지낸다. 나도 이 책을 쓰면서 그런 도움을 받았다. 특히 각기 다른 활동에 참여했던 동지들 캐럴린 그레이스, 어빙 하우, 마틴 페레츠, 주디스 왈저의 도움이 컸다.

1971년 1월

마이클 왈저

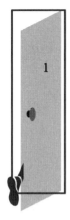

1 정치의 시간

대부분의 정치활동은 날마다 처리해야 하는 일상적인 일들이라 그 일에 능숙한 전문가들에게 맡겨 두면 된다. 보통 사람들은 그런 일을 할 시간이 없다. 물론 그들도 (정치적인 성격을 띠지 않은) 다른 조직에서 비슷한 일을 할 수 있지만 말이다. 그러나 이런 분업은 일상적인 시기에만 적합하다. 위기 시에는 전문가들도 제대로 대처하지 못하는 경우가 많다. 혹은 부정과 불의에 대한 새로운 인식이 나타날 때는 전문가들도 잘못 대응하기 쉽다. 그래서 민주주의 정치체제는 언제나 우리 같은 보통 사람들이 정치에 관심을 갖고 참여할 것을 요구한다. 이보다 드물긴 하지만, 참여하지 않으면 안 되는 상황이 닥칠 수도 있다. 즉, [전문가와 보통 시민들 간의] 분업이 갑자기 무너지고 많은 사람들이 가혹한 선택 앞에

놓이게 되는 것이다. 이때의 선택이란, 자발적인 참여가 아니라 강제적인 참여를 받아들일지 말지를 결정하는 것이다.

이런 선택이 가혹한 이유 가운데 하나는 이전까지 수동적이었던 사람들을 정치활동과 운동으로 끌어들이기 때문이다. 물론 그들은 무능한 사람들이 아니다. (모두는 아닐지라도 어쨌든 대다수는 무능하지 않다.) 하지만 그들은 정치활동의 복잡다단함을 잘 모르는 경우가 많다. 정치활동을 할 때 개인적으로 어떤 위험을 감수해야 하는지 알지 못하고, 그 활동 과정에서 나타나는 논쟁과 적대에 대해서도 준비돼 있지 않으며, 교묘한 말들과 기만적인 행동에도 익숙하지 않다. 그럼에도 불구하고 그들은 정치활동에 나선다. 그들은 모임이나 집회, 시위 자리에서, **무언가 잘못되었다고** 생각하는 것을 말하며 변화를 요구한다. 이 작은 지침서는 바로 그런 사람들을 위한 것이다. 왜냐하면 내가 그렇듯이 그들 또한 전문가가 아니고, 우리가 배운 것들을 비밀로 숨겨 둘 필요는 없기 때문이다.

모든 사람은 위기와 불의에 대해 자기 나름의 생각을 갖고 있다. 그 생각을 다른 많은 사람들과 공유하지 못할 때, 우리들 대다수는 그것을 개인적으로 감당하고, 그로부터 고통 받으며 참아 내거나 그냥 잊어버리고 산다. 고독한 예언가는 들으려 하지 않는 사람들에게도 말을 걸지만, 결국 그에게 돌아오는 것은 무관심, 조롱, 외면뿐이다. 그런 노력이 (때로는) 가치 있는 일이라도, 우리 대부분은 침묵하는 게 좋다는 것을 배워서 알고 있다.

정치활동은, 분노의 표출과 재난적 결과에 대한 예언이 최소한 우리가 아는 사람들 사이에서 적극적인 반응을 얻을 때만 가능한 일이다. 우리는 그런 분노와 재난적 상황에 관한 생각을 주변 친구들에게 알리고자 한다. 실제로 시민정치의 영역에 발을 들여놓겠다고 결심하는 사람들은 아마 소수일 것이다. 그러나 이렇게 해서 시민정치 영역으로 들어오는 소수는 이른바 성장의 가능성을 가진 사람들이어야 한다. 성장 가능성은 어떻게 알아볼 수 있을까? 아마도 다른 사람들과 만나고 대화하는 모습, 대의에 헌신하려는 자세, 사회문제에 관심을 보이는 태도로 알 수 있을 것이다. 활동가가 되고자 하는 사람들은 미래의 지지자들에 대한 고려가 있어야 한다. 즉, 앞에 나서서 사람들에게 행동하라고 요청하기에 앞서, 많은 사람들이 파업을 지지하고 대중 집회에 참여하며 함께 행진할 것이라는 확신이 있어야만 한다.

전문가들만 참여한 대화와 토론 속에서 만들어진 추상적 이론에 대해서는 늘 경계할 필요가 있다. 학자들과 정파 구성원들로 이뤄진 소규모 모임에서 논의되는 정치 담론은 (혹은 그것만으로는) 정치활동을 정당화하는 충분 조건이 될 수 없다. 분파 내지 정파 정치가 갖는 여러 문제에 대해서는 뒤에서 다루겠지만 한 가지 특징만큼은 여기서 말해 두고 싶다. 그 특징이란 현재의 경험을 고려하지 않고 미래에 대한 이런저런 이론적 견해에 따라 행동하려 하는 것이다. 그렇게 되면 정당과 운동은, 충성스런 지지자들의 조바심 넘치는 기대에 불과한 것을 바탕으로 전개되며, 쉽게 예상할 수 있는 사건의 발생은 외면하고 예상할 수 없는 사건의 발생을 기대하면서 작은 모임의 수준을 벗어나지 못한다. 기독교의 오랜 역사가 보여 주듯이 그런 난관에 대처하는 방법도 있기는 하다. 하지만 그런 어려움에 대처하지 않아도 되는 방법이 훨씬 더 많다. 이런 이유로 좌파의 정치적 분파들 각각은, 미래의 결과와 상관없이, 아직 성숙되지 않은 현재를 위한 활동의 산물이 되고 만다.

그러나 정파들이 벌이는 이런 활동은 최소한 그것이 어떤 결과를 초래할지를 폭넓게 따져 보면서 진행된다. 이보다 훨씬 더 위험한 것은 1793년 자코뱅의 리더가 말한 격언에서 볼 수 있는 것 같은 무모함이다. "싸움터로 뛰어들어라. 그러고 나면 무슨 일이 벌어질지 알게 될 것이다." 즉 사람들이 나를 지지하든 말든, 내 헌신이 보상을 받든 말든, 내가 다른 사람들에게 영향을 미치든 말든, 그것이 어떤 종류의 영향이든, 나는 예측할 수 없는 좋은 결과를 바라며, 심지어 그런 결과를 기대할 수 없다 해도 행동하겠다는 것이다. 이 말은 많은 경우 다음과 같은 의미를 담고 있다. 내 행동은 개인적인 분노와 좌절의 표현으로 너무나 격렬하고 억누를 수 없는 것이기에, 나중에 이 행동이 어떤 결과를 초래하든 지금 당장 무언가를 하는 것이 훨씬 더 중요하다.

나 역시 실제로 이런 감정을 느낀 적이 있고, 다른 사람들이 이런 감정에 빠진 것을 본 적도 있다. 그러나 정치적 동기는 이와 매우 다른 것이다. 우리는 사적인 이유가 아니라 공적인 근거에서, 혹은 적어도 사적인 이유와 함께 공적인 근거를 가질 때, 그리고 우리의 행동이 어떤 효과를 미칠지, 우리 자신뿐만 아니라 다른 사람들의 관점에서도 고려할 수 있을 때, 정치적 인간이 된다. 정치활동은 다른 사람들과 함께하는, 다른 사람들을 위한 행동이다. 우리 모두는 자신의 개인적 감정을 소중하게 생각한다. 하지만 이런 감정은, 우리가 잘 알지 못하는 상대편 사람들에 맞서, 우리 편 사람들을 위해, 우리 편 사람들과 함께 행동하는 이들에게서 느낄 수 있는 사회적 감정보다 중요하지 않다.

서로 서로 잘 아는 사이도 아니고, 직업정치인이나 시민운동가들 및 그들의 일상적인 활동에 대해 잘 모르면서도 기꺼이 함께 행동하려는 많은 사람들, 그들이 정치의 시간을 만드는 밑거름이다. 또한 함께하려는 이들의 태도를 존중하며, 그것을 공적으로 표출하는 소수의 사람들이 정치의 시간을 만든다. 이처럼 다른 사람들과 함께하려는 자발성은 두 가지 원천으로부터 나온다.

첫 번째는 공동의 피해, 계급 이익, 민족적 연대가 일종의 시민정치를 창출하는 경우로, 이는 전문적인 활동 단체로 진화해 상시적인 결사체와 연합체로 지속될 가능성이 매우 높다. 예를 들어, 노동운동의 시작 단계(그리고 신생 노조의 초기 활동)에서는 아마추어 운동의 전형적인 사례들이 나타난다. 물론 모든 파업 투쟁은 전문적인 지식이 없음에도 놀랄 만큼 정치적으로 유능한 새로운 활동가들을 발굴해 낸다. 다른 한편, 여성 투표권 쟁취 투쟁은 시종일관 시민운동의 면모를 유지하면서 전문가들이 주도하는 여성운동 단체를 만들어 내지 못했는데, 여기에는 일단 투표권을 획득하고 나자 상시적인 여성운동 조직의 필요성이 사라진 (혹은 사라졌다고 생각한) 까닭도 있다.

두 번째는 우리 사회 내부에서 벌어진 부정이나 해외에서 우리 정부가 자행한 불의에 대한 분노·개탄·슬픔이 정치활동을 낳는 경우다. 이런 정치활동은 일반 시민들이 맡게 될 가능성이 매우 높다. 왜냐하면 이처럼 정의롭지 못한 사건이 얼마나 자주 발생할 것이며, 얼마나 오래 지속될지는 미리 알 수 없기 때문이다. 이따금씩 직업정치인들이 이런 활동에 참여한 시민들의 지지를 얻기 위해 노력하는 때도 있지만, 그들이 시민들과 함께 운동에 참여할 가능성은 낮다. 어떤 경우든 정치인들이 운동의 시작 단계부터 함께하는 일은 드물다. 그래서 위기에 대처하며 부정과 불의를 끝장내고자 하는 최초의 시도는, 정치인들의 참여와 간섭 없이, 일단의 시민들이 모임을 갖고 전략을 논의하며 새로운 조직을 구상하면서 시작된다.

2 시작

첫 번째 과제는 저기 어딘가에 있을 지지자들을 찾는 일, 즉 아직은 잘 모르지만 우리에게 동조할 것이라고 믿을 만한 사람들에게 손을 내미는 일이다. 그러기 위해서는 얼마 되지 않는 활동가 집단의 구성원 수를 실제보다 더 많은 것처럼 보이게 만들어야 한다. 정치활동의 시작이 솔직하고 간단한 방식으로 이뤄지는 경우는 드물다. 시작은 예측할 수 없는 미래에 발을 담그는 일이다. 우선 앞으로 전개할 운동에 대한 생각을 담은 이름이 필요하다. 이름은 쉽게 바꿀 수 없기 때문에 충분히 숙고해서 지어야 한다. 이름을 정한 후에는 주소, 우편봉투 윗부분에 인쇄할 내용, 후원자 목록, 운동의 취지문과 프로그램, 보도 자료를 만들어야 한다. 이런 일들을 해야 한다는 것이, 운동을 위해 모인 사람들에게는 쑥스럽기도 하고 허세처럼 느껴질 수도 있다. 왜냐하면 그들은 여전히 변변한 사무실도 없이 돌아가며 각자의 집에서 만날 것이고 앞으로도 그럴 가능성이 높기 때문이다. 그러나 다른 방법은 없다. 자신들의 활동을 다른 사람들에게 알려야 하며, 단순히 모임을 갖는 것만으로는 충분하지 않다.

정치운동은 여럿이 함께하고 있다는 그럴듯한 외관을 보여 주는 것에서부터 시작된다. 활동가들은 그 외관 뒤에서 진짜 건물을 지어 올리기 위해 분주히 노력한다. 이 일에 실패하는 경우도 많다. 제대로 된 거처를 만들기도 전에 외관이 무너지는 일이 자주 발생한다. 하지만 주어진 상황을 잘 이해하고 현명하게 활용한다면, 이 최초의 작은 집단은 자신들을 도와줄 다른 사람들을 만날 수 있다. 다른 집단이 같은 방식으로 결성되어 이 첫 번째 집단과 함께하기를 바라기도 한다. 이는 그 최초의 집단이 크고 강해서가 아니라 단지 그들이 첫 번째로 만들어졌기 때문이다. 초기의 주도권은 최초 집단의 구성원들에게 있고, 적어도 한동안은 핵심적인 결정도 그들의 몫이다.

최초 집단이 정파나 정당처럼 이미 정치적으로 조직화된 모임일 수도 있고, 그 구성원들이 정치 전문가일 수도 있다. 물론 비주류로 활동해 온 사람들일 가능성이 높긴 하지만 말이다. 그래서 겉모습이 특히 중요하다. 상당한 지지를 얻기 위해서는 그들도 평범한 시민들처럼 보일 필요가 있다. 이런 종류의 변장은 장려할 만한 일이다. 많은 경우 그것은 선의의 다른 표현이기 때문이다. 훌륭한 대의와 매력적인 겉모습을 하고 있으므로, 말 많은 활동가들조차 다른 사람들을 위해 함께 잘 지내야 할 것이며, 말썽을 일으키더라도 나중에 일으킬 것이다.

각각의 이슈를 다루는 이런저런 종류의 전국적 단체들이 이미 존재하며, 이 가운데는 오래전에 결성되었지만 명맥만 유지하는 경우도 있다. 그럼에도 때로는 이들 단체의 이름을 빌려 운동을 시작하고 그들과 함께 일하거나 (시간이 흐른 후) 중앙 사무국을 인계 받아 일하는 것이 현명한 전략일 수 있다. 그러지 않으면 기존 단체와 차별화하거나 그 단체의 스태프들과 싸우느라 에너지를 낭비할 가능성이 높기 때문이다. 그들에게 실질적인 도움을 받는 경우도 적지 않고 지역 지부라는 지위가 부끄러워할 만한 것도 아니다. 하지만 기존 단체가 실패를 거듭하거나 분파적 행동을 일삼거나 그 리더가 괴팍하고 독단적인 사람으로 유명하다면, 그런 단체와 별개의 운동으로 새롭게 출발해야 할 뿐만 아니라 새로운 출발이라는 이미지를 강조하는 것이 꼭 필요하다. 그렇게 해서 이 운동이 빛나고 새롭게 보일 수 있다면, 시민 활동가들에게는 매우 큰 도움이 될 것이다.

3 전략적 선택

침묵하고 있다가 운동에 나선 사람들은 자신의 분노, 즉 오랫동안 참다가 이제부터 **무언가를 해야겠다**는 결심의 중요성을 과장하는 경우가 많다. '내가 움직이는데 어떻게 세상이 그대로일 수 있겠어?' 하지만 언제 어디서나 가장 좋은 태도는, 세상은 거의 변하지 않을 것이며 기존 제도와 관행 또한 그대로 유지될 것이라는 가정하에 운동을 계획하는 것이다. 변한 것은, 몇 사람이 '우리'라는 이름으로 함께 행동하기로 결정했다는 사실밖에 없다. 민주주의사회에서 이런 결정이 정치체제를 뒤흔드는 경우는 없다.

침묵하는 시민들은 직업정치인과 전문가 집단이 실패할 때를 대비해 축적해 둔 민주주의의 자산이라고들 한다. 그들의 존재가 익숙하지 않을 수도 있고, 그들이 예상치 못한 방식으로 행동할 수도 있다. 하지만 그들이 간간이 정치 영역으로 들어가 자기주장을 펼치는 일은 이제 민주정치에서 흔한 일이 되었다. 그들이 하는 이런 일이 대수롭지 않다거나 위험하지 않다는 말이 아니다. 민주적 권리를 행사하는 일은 위험할 수도 있다. 그런 권리 행사로 말미암아 위협받는 사람들과 적들이 생기기 때문이다. 바로 이런 이유 때문에 활동가들은 자신들이 무엇을 할 수 있고 무엇을 할 수 없는지를 판단해야 하며, 자신들이 실제로 만들어 낼 수 없는 정치사회적 변화의 망상에 빠지지 않는 것(그리고 그런 망상으로 적들을 위협하지 않는 것)이 중요하다.

혁명은 이런 망상의 대표적인 예로, 흔히들 생각하는 것보다 드문 일이기는 하지만 처음부터 확실히 짚고 넘어갈 필요가 있다. 시민 활동가들은 이런저런 근본적 변화를 목표로 삼을 수 있지만, 혁명의 성취를 희망해서는 안 된다. 실제로 누군가가 혁명을 **이뤄 내는** 경우는 그렇게 흔하지 않다. 물론 혁명이 발생해 모든 사람이 예기치 않게 그 과정에 참여하게 되기도 한다. 일반 시민들도 (대개는 자신의 바람과 상관없이) 혁명에 동참하지만, 이 시기를 주도하는 사람들은 전문가들, 아마도 혁명을 완수하기 위해 새롭게 합류한 전문가들이다. 최고 권력의 향배가 달려 있으므로 누구도 짬짬이 시간을 내거나 혹은 정치와 관계없는 일을 하면서 권력 경쟁에 지속적으로 참여할 수 없으며, 원하는 바를 어느 정도 얻었다고 해서 마음대로 물러날 수도 없다. 그러나 바로 이런 것이 시민 활동가의 특징이다. 이런 점만 봐도 왜 아마추어 정치가 안정적인 민주주의 체제의 일상 정치에서 부수적인 존재일 수밖에 없는지 알 수 있다. 일반 시민들이 정치활동에 나설 정도라면 그때의 위기와 폭력은 매우 심각한 것이다. 하지만 그런 사태도, 아직 완전한 위기 상황에 도달한 것은 아니며 일부 시민들의 비정상적 대응조차 보호하는 체제 내에서 발생한다. 대다수 사람들은 그 체제의 보호 아래 운동에 참여한다. 물론 나중에 알게 되겠지만 그런 보호가 절대적인 것은 아니다. 그러나 이는 체제 전복을 꿈꾸는 혁명가들이 기대하는 그 어떤 권리보다 훨씬 더 중요하다.

기성 체제에 '마지막 기회'를 준다는 생각도 망상이기는 마찬가지다. 이런 태도는 운동이 목표로 내건 대의가 달성되지 않으면 혁명이 일어날 수밖에 없다는 의미를 담고 있다. 그러나 활동가들은 자신이 하는 운동이 곧 승리할 것이라고 기대해서는 안 된다. 그들은 소수파이며, 나라 전체로 보면 아주 작은 소수파에 불과할 것이다. 따라서 실패의 위험을 감내해야 하며, 실패가 불러올 결과는 혁명이 아니라, 운동이 파편화되고 다수 시민들이 정치활동에서 멀어지는 것임을 알아야 한다. 소수의 전투적 급진파는 자코뱅이나 볼셰비키를 흉내 내며 혼란과 폭력을 시험할 수도 있다. 하지만 이런 행동은 진지한 운동의 모습이 아니다. 바라건대 나 또한, 언젠가 활동가들이 새롭게 동원되고, 운동이 재조직되며, 또 다른 시민들이 운동에 참여하는 상황, 즉 기성 체제를 위한 그 '마지막 기회'라는 것이 나타났으면 좋겠다. 하지만 **그런 날이 온다**

해도 혁명이 아니라 변화를 위해 다시 한 번 노력하는 것 외에 달리 할 일은 없다.

이렇게 변화를 위해 계속 노력하려는 사람들이 현실에서 대면하는 선택지는 두 종류의 정치이다. 이들 양자는 매우 다양한 방식으로 실천되지만, 누구나 알 만한 평범한 이름을 갖고 있다. 하나는 압력정치이고, 다른 하나는 선거 정치이다. 나로서는 그 밖에 다른 종류의 정치는 없다고 생각한다. 압력정치는 이미 권력을 갖고 있거나 공직에 있으며, 심지어 운동이 대항하려는 부당한 행위에 책임이 있는 사람들에게 영향력을 행사하는 것이다. 선거 정치는 그런 사람을 공직에서 쫓아내고 다른 사람을 앉히는 활동이다. 그 다른 사람이 운동의 리더일 수도 있겠지만, 대개는 기성 체제가 대안으로 제공하는 직업정치인일 가능성이 높다.

물론 이 두 가지 선택지가 적절하게 결합되기도 한다. 압력정치와 선거 정치가 동시에 실천되는 경우도 적지 않다는 말인데, 이럴 경우 일단의 정치인들이 운동의 대의를 받아들이기 전까지는 압력정치에 방점을 둔 정치가 전개된다. 이 두 가지 정치를 특별히 강조하는 이유는 단순하다. 정치활동의 모든 범위, 즉 정책을 바꾸는 일과 정책을 만드는 사람을 바꾸는 일을 모두 아우르기 때문이다. 정책이 만들어지는 정치체제 전체를 바꾸는 일은 시민 활동가들에게 현실적인 선택지라 보기 어렵다.

언제 압력정치에서 선거 정치로 넘어가야 하는지, 어떤 시점에 어떤 후보나 정당의 선거운동에 가담하거나 가담하지 않을지를 판단하기란 매우 어렵다(이런 판단을 요구하는 순간은 반복적으로 나타난다). 한편으로 선거운동은 시민 활동가들에게 매우 익숙하고, 그들이 가장 잘 알고 있으며, 그래서 아마도 가장 잘하는 정치활동일 것이다. 그러나 다른 한편으로 시민 활동가들은 체제 유지에 기여하는 통상적인 활동과 단절하고자 하기에 그런 활동에 참여할 수 없다고 생각하는 경우가 많다. 활동가들은 직업정치인들의 약속을 믿지 않는다. 활동가들은, 후보들 가운데 기껏해야 조금 더 나을 뿐인 사람, 자신들이 가장 중요하게 생각하는 사안에 대해 유약하고 변덕스런 입장을 갖고 있는 사람을 지지하라고 요구하지 않는 정치를 원한다. 이런 정서는 전적으로 정당하다. 어쨌든 그것이 맨 처음 운동을 가능하게 만든 요인이기 때문이다.

그러나 청원, 대중 집회, 행진 같은 압력정치가 정부 정책을 변화시키지 못한다면, 선거 정치를 선택하지 않을 수 없다. 운동은 기성 정당이나 후보를 지지하는 것이 자신의 원칙을 어느 정도 훼손할 때조차 그 일을 회피할 수 없다. 이는 단지 시기 선택의 문제일 뿐이며, 언제 그런 선택을 해야 하는지 구체적으로 답하기는 어렵다. 다만 일반적인 관점에서 말하자면, 직업정치인들에게 명확한 입장을 강제할 수 있고, 선거에서 승리한 뒤에도 그들에게 일정한 통제력을 행사할 수 있을 만큼 운동이 강할 때가 그 시기라고 답할 수 있겠다.

활동가들은 자신들의 후보를 내세워야 한다거나 새로운 정당을 결성해야 한다고 생각할 수도 있다. 단일 이슈를 중심으로 하는 교육 홍보 활동은, 비록 그것이 목표한 바를 완전히 달성하지 못한다 해도 그 자체로 유용한 활동일 수 있다. 그것이 특정 상황에서 내려진 전술적 결정이든 아니든 말이다. 하지만 새로운 정당을 결성하는 것은 전혀 다른 문제다. 정당 활동을 하기 위해서는 다른 많은 집단들과 연합을 형성해야 하고, 다른 많은 이슈들에 대해서도 입장을 정해야 한다. 그러려면 정교한 정책 프로그램과 광범위한 사회 변화 둘 다를 위한 노력이 필요하다. 아마도 많은 활동가들은 기꺼이 그렇게 하려 할 것이다. 하지만 애초에 그들이 함께 모인 것도, 다른 활동가들과 연대하는 것도 이런 일을 하기 위해서가 아니다. 새로운 정당을 결성하고 이를 기반으로 폭넓은 사회 변화를 위해 투쟁하는 것이 자신들의 대의를 성취하는 최선의 (가장 쉽거나 빠른) 방법인지도 분명하지 않다. 이 문제와 관련해 현실에서는 매우 다른 두 가지 전략이 서로 뒤엉켜 있는데, 운동에 참여한 사람들은 토론과 활동 과정에서 이를 구분할 수 있어야 한다. 이 두 가지 전략을 나누는 핵심 질문은 다음과 같다. 먼저 이슈를 선택하는 문제와 관련해 단일 이슈 정치를 할 것인가, 여러 이슈를 아우르는 정치를 할 것인가? 다음으로 지지층을 조직하는 문제와 관련해, 어느 한 집단에 지지 기반을 둘 것인가, 여러 집단들의 연합에 지지 기반을 둘 것인가?

4 이슈 정의하기

새로운 정치운동은 대개 단일 이슈를 중심으로 형성된다. 그 이슈로 인해 피해를 입고 있는 사람들, 이들과 정치적 연계를 갖고 있거나 이들에게 도덕적 공감을 느끼는 사람들이 이 운동에 참여한다. 활동가들은 여타 사안에 대해서는 의견이 다르겠지만, 이 이슈를 둘러싼 불의에 대한 인식이나 분노만큼은 공유하고 있을 것이다. 또한 함께 일하면서 그 밖의 더 많은 것들을 공유하게 될 수도 있다. 원래 이슈와 관련된 다른 이슈가 눈에 들어오고, 맨 처음 어떤 행동을 하기로 결심하게 했던 가치 기준이 그들로 하여금 또 다른 행동에 나서도록 하면서 운동의 범위가 넓어질 수도 있다. 그러나 때로는 혹은 많은 경우 새로운 이슈는 역효과를 낳기도 한다. 즉, 운동은 분열을 겪고 구성원들은 서로가 매우 다르다는 사실을 깨닫게 된다.

　이처럼 결과가 기대와 다르면, 운동이 어떻게 해야 할지에 대해서도 매우 다른 견해들이 분출한다. 어떤 사람들은 그들이 함께 운동을 시작한 이유였던 단일 이슈에 집중해야 한다고 주장한다. 당연히 그들에게는 이 이슈가 가장 중요하다. 그래서 일단 그 문제가 해결되고 나면 세상이 크게 달라질 것이라고 (그리고 훨씬 더 나아질 것이라고) 믿는다. 이런 사람들은 정치와 사회를 비롯한 이 세상 전체가 복잡하게 뒤얽혀 있다는 사실을 무시하거나 종종 의도적으로 모른 체하며, 그들이 바라는 변화와 실제로 획득할 수 있는 승리 사이에 놓인 모든 장애물도 무시한다. 그들은 전체가 아니라 부분을 선택한다. 즉, 부분에 관심을 두거나 그렇게 하기로 결정하고 전체는 비전으로만 남겨 두는 것이다. 이들과 달리, 좀 더 현실적인 태도를 취하는 것처럼 보이는 사람들도 있다. 이런 사람들은 단일 이슈를 복잡한 문제들과 연결 지어 이해하려고 노력한다. 사회적·정치적 변화를 만들어 내기 위해 일관된 정책 프로그램을 개발하려고 애쓴다. 이와 같은 정책 프로그램을 통해 단일 이슈 활동을 넘어 여러 이슈를 아우르는 정치로 나아가기를 바란다. 그러면 활동가들 가운데 일부는 떨어져 나갈지도 모르지만, 결국 운동은 더 강해지고 활동 범위도 더 넓어지며 더 많은 사람들에게 호소할 수 있을 것이라고 그들은 말한다. 이 두 번째 사람들은 운동을 정당으로 변화시키려는 사람들이다.

운동보다 정당을 건설하는 일이 훨씬 더 어렵다. 이는 미국 역사만 살펴봐도 금방 알 수 있다. 바꿔 말하면 다음과 같다. 매우 작은 정당, 즉 거의 모든 사안에 대해 입장이 같은 활동가들이 모임을 결성하기는 매우 쉽다. 하지만 정당이 그런 일관성의 일부를 상실하면서도 공동의 정책 프로그램을 유지하며 성장하기란 지극히 어렵고 드문 일이다. 물론 매우 특수하고 개별적인 문제를 다루는 경우에도, 사회학적 소양을 바탕으로 지적 복잡성과 완벽성을 추구하는 정당을 결성하는 것이 '올바른' 해법일 수 있다. 그러나 이 정당을 유의미한 정치적 존재로 만드는 일은 너무나 많은 사람들에게 너무나 많은 시간과 에너지와 자금, 그리고 무엇보다 너무 많은 헌신을 요구한다. 이에 비해 운동은 좀 더 손쉽게 조직할 수 있다. 단일 이슈 활동을 통해 관련 문제가 해결되는 승리를 경험할 수도 있다. 정말이지 시민 활동가들이 그 외에 다른 종류의 승리를 생각하기는 어렵다. 물론 승리는 기대한 것보다 작을 것이다. 아동 노동 금지, 여성 투표권 획득, 금주법 제정과 폐지, 이런저런 전쟁의 종식 같은 운동의 성과가 새로운 예루살렘을 건설하지 못한 것은 사실이다. 그러나 운동은 중요한 영향(그것이 좋은 것이든 나쁜 것이든)을 미쳤으며, 앞으로도 그럴 것이다.

이슈는 승리를 획득할 수 있도록 정의해야 한다. 이 말이 내일의 승리를 상상할 수 있어야 한다는 뜻은 아니다. 여기서 문제는 시간이 아니라 특수성이나 한계와 관련된 것이다. 하나의 사회문제가 다른 모든 문제와 관련돼 있고, 그 문제를 해결하기 위해서는 다른 모든 문제를 해결하는 것과 더불어 사회 전체를 변화시켜야 한다고 말할 수도 있다. 이런 사고방식은 마르크스주의 이데올로기가 이뤄 낸 주요 성취 가운데 하나다. 그러나 어떤 사회 문제를 개별적인 것, 다른 문제와 별개의 것으로 이해하며, 그래서 다른 일을 하지 않고도 혹은 다른 일이 일어나기를 기다리지 않고도 해결할 수 있는 문제라고 볼 수도 있다. 하지만 이 두 관점 모두는 참이 아니다. 비록 전자가 좀 더 정교할 수는 있겠지만 말이다.

한 사회의 어딘가에서 이뤄지는 정치활동은 분명 부분적인 변화를 만들어 내겠지만, 그것이 꼭 사회 전체를 변화시키는 것은 아니다. 그런 부분적인 변화의 성격과 범위를 예측하기란 거의 불가능하다. 물론 추측은 할 수 있겠지만 틀리는 경우가 다반사다. 어떤 경우든 운동이 벌이는 활동은 사회 변화를 설명하는 '참된 이론'에 의존하지 않으며 의존할 수도 없다. 이런 활동은 참된 이론이 아니라 실제로 도움이 되는 유용한 이론 또는 이론은 아니더라도 우리가 사실로 알고 있는 얼마 안 되는 것들과 모순되지 않는 관점, 견해, 주장을 필요로 한다.

가장 유용한 이론이나 주장은 활동가들에게 한 번에 하나의 선택, 하나의 싸움만 하도록 도와주는 것이다. 나중에 얼마든지 더 많은 선택을 할 수 있고 더 많은 싸움에 참여할 수 있다. 운동에 참여한 사람들 가운데는 미리 계획을 세워 놓고 싶어 하는 이들도 있다. 운동의 초점을 흐리지 않는 범위에서라면 당연히 그렇게 해야 한다. 운동의 초점은 확실하게 하나의 중요한 이슈에 맞춰야 하며, 투표나 전쟁, 폭격처럼 쉽고 단순하게 말할 수 있는 것이어야 한다. 운동의 대변인들과 활동가들은 그 이슈의 중요성과 단순함을 과장해도 좋다. 단일 이슈에 초점을 맞춰 승리한 후에, 그 이슈를 둘러싼 문제의 복잡성을 깨닫고 실망해도 늦지 않다.

5 지지층 찾기

지지층은 운동의 사회적 기반이자 사회의 한 부분으로, 특정 세대나 민족 집단, 경제적 계급이나 계층 등이 될 수 있다. 운동은 그들로부터 동조와 지지를 얻고, 활동가를 충원하며, 그들을 대변하고자 한다. 그러나 지지층은 유권자 명단에 있는 시민들처럼 미리 확정돼 있는 사람들이 아니다. 아마도 그들은 어떤 객관적 특성을 갖고 있을 것이다. 그런 특성을 공유하는 사람들이 있다는 의미에서 그들은 분명 실체로서 존재한다. 하지만 조직돼 있지 않다는 점에서 그들은 자신들이 공유하는 정체성을 인식하지 못할 수 있고, 단일한 조직체처럼 일사불란하게 행동하지도 않는다. 활동가들은 이 지지층을 하나의 조직, 자기 의식적 통일체, 집합적 힘으로 바꾸려 노력할 수 있다. 혹은 이런 지지층에 속한 사람들 가운데 일부로 그런 조직체를 건설할 수도 있다. 많은 경우 활동가들은 전자를 하는 것처럼 보이지만 실제로는 후자를 한다.

지지층을 찾는 일은 그렇게 어려운 문제가 아니다. 노동운동의 지지층은 노동계급이다. 이처럼 조직가들은 어디서 지지를 찾아야 할지 정확히 알고 있다. (물론 그 밖의 다른 곳을 둘러볼 수도 있겠지만 말이다.) 일반적으로 특정 집단이 감내하고 있는 피해나 불의에 대응하려는 운동은 당연히 바로 그 집단에서 지지를 구하고자 한다. 하지만 그 집단이 스스로를 방어할 능력이 없는 사람들일 수도 있다. 그렇다면 누군가가 그들을 대신해 행동해야 한다. 또한 운동은, 부당하거나 부도덕하다고는 생각되지만 그 어떤 잠재적 정치 행위자 집단에게도 (명백한) 피해를 주지 않는 정책(이를테면 해외에서 벌이는 전쟁)에 주목하기도 한다. 이 두 경우, 지지층을 찾아 조직하는 일이 특히 어려울 수 있다.

그럼에도 불구하고 역사는 분명한 증거를 보여 준

다. 위의 두 경우에서 찾을 수 있는 지지층은 대체로 중산층에 속한 이들이며, 중산층 가운데서도 특히 도시의 전문직 종사자, [중산층이 거주하는] 도시 외곽 지역의 주부, 학생과 같은 사람들이다. 여기서 도덕적 분노에 대한 중산층 집단의 특성을 설명하거나 그들의 교육 수준, 여가 시간, 자녀 양육 방식, 민족적 이력을 다룰 생각은 없다. 이 글의 목적에 비추어 그보다 더 중요한 것은 중산층 활동가들이 자신이 속한 지지 집단을 대할 때 겪게 되는 특별한 어려움이다.

활동가들이 운동에 나서는 데는 기존 세계와 일종의 단절이 필요한데, 이는 대개 중산층 세계와의 단절로 나타난다. 그리고 이렇게 단절을 실행하는 사람들은 그들이 남겨 둔 다른 사람들과 자신을 차별화하고 싶어 한다.

차별화는 매우 다양한 양태를 띠며, 대부분의 경우 누구에게도 피해를 주지 않는다. 남들과 다른 활동을 한다는 표시로 작은 배지를 다는 것이 대표적이다. 그러나 한 가지 양태만큼은 전혀 무해하다고 할 수 없다. 새로운 활동가들이 자신의 적개심을 그들의 과거, 사회적·민족적 출신, 옛 친구나 이웃으로 향하게 만드는 이데올로기를 선택하는 것이 바로 그런 경우다. 이런 이데올로기는 혁명가들에게는 적합할지 모르지만, 시민운동을 필요 이상으로 어렵게 만든다. 활동가들은, 자신이 속한 집단에 자기 같은 사람들이 더 많이 있으리라 생각하며 운동을 시작할 때, 최선을 다할 수 있다. 자신의 결의와 열정적인 활동에 자부심을 갖는 것은 좋지만, 자신을 예외적인 사람으로 여기는 것은 잘못이다. 정말이지 활동가들이 남들과 근본적으로 다르다면 효과적으로 활동하기는 어렵다. **당신이 발 딛고 선 곳에서 시작하라.** 이 말은 윤리적인 삶과 관련해 자주 언급되는 중요한 격언 가운데 하나지만, 정치운동의 세계에서도 자신이 발 딛고 선 곳에서 시작해야 할 경우가 많다.

이 격언은 학생 활동가들에게 특히 중요하다. 그들의 첫 번째 지지층은 캠퍼스의 학생들이다. 두 번째는 자신의 부모 및 부모와 교류하는 사람들이다. 그들은 종종 이들이 아닌 다른 지지층을 찾아 나서고 싶어 한다. (물론 그 다른 지지층에 끝까지 머무르는 경우가 드문 것도 사실이다.) 하지만 그들이 남겨 두고 떠났던 사람들, 그들의 귀환을 반갑게 맞이해 주는 사람들 속에서 가장 효과적으로 활동할 수 있다는 데는 의심의 여지가 없다. 그들은 자신의 바람보다는, 가능한 한 효과적인 활동을 펼치는 데 초점을 둬야 한다.

주변에서 쉽게 찾을 수 있는 사람들을 넘어 다른 지지층을 찾을 필요가 있다는 점을 부정하고 싶지는 않다. 중산층 활동가들이, 노동계급이 다수인 '지역공동체에서' 지지를 조직하려고 노력하는 것은 때때로 충분히 가치 있는 일이다. 왜냐하면 실제로 노동계급의 지지를 얻거나 상당수 노동자들이 운동의 조직적 기반을 건설하는 데 참여할 가능성이 높은 경우가 드물지 않기 때문이다. 하지만 그럴 가능성이 없거나 다른 곳에서 지지층을 조직하지 않는 이유가 단지 중산층 사람들은 '민중'이 아니라는 이데올로기적 신념 때문이라면, 그런 활동은 바보 같은 짓이다. 중산층 시민들 역시 다른 모든 이들과 마찬가지로 선량하고 고귀한 사람들임은 두말할 필요도 없다.

6 민중에게 다가가기

운동에 나선 활동가들은 '민중'에게 다가가기 전에 한 번 더 생각해 볼 필요가 있다. 중산층을 넘어서고자 하는 노력은 그렇게 하려는 시민 활동가들의 오만이나 잘난 체하는 태도로 인해 실패하는 경우가 많다. 그들이 선한 의도를 갖고 있다는 것은 누구도 부정할 수 없을 만큼 명백한 사실이다. 그렇지만 불행하게도 자신들이 우월한 지혜를 갖고 있다는 확신이, 그들 중산층 계급의 특징이라는 것 또한 분명하다. 실제로 계급 장벽을 돌파하는 일은 고통스러울 정도로 어렵다. 활동가들이 그 장벽 돌파의 중요성을 이해한다 해서, 그 일의 어려움이 줄어드는 것도 아니다. 이것은 누구나 쉽게 뛰어넘을 수 있는 그런 종류의 경계가 아니다.

정말이지 계급의 경계를 넘어서려는 시도는 갑작스

러운 것일수록, 그리고 당사자들이 요청한 것이 아닐수록 실패할 가능성이 높다. 공장 문 앞에서 학생들이 전단지를 나눠 주는 것을 보고 노동자들이 이렇게 말한다면 실패가 분명하다. "당신 누구야? 지금 뭐하는 거야? **오늘은** 여기서 이러다가 **내일은** 또 어디로 갈 거야?" 학생들이 여름 방학 내내 공장에서 활동한다 해도 더 나은 반응을 기대하기는 어렵다. 계급 경계의 반대편에 있는 학생이 자신들과 두 달이 넘도록 함께 지낸다 해도 노동자들에게 그는 여전히 낯선 사람이다. 노동자들에게 언제 어떤 말을 하든 학생들이 얻는 것은 실망감뿐이다. 아무리 급진적인 이야기를 해도 결과는 다르지 않다.

우선 자신이 다가가려는 사람들이 가입해 있는 조직, 이를테면 노조, 교회, 재향군인회, 지역공동체 모임의 리더에게 접근하는 것이 더 유용하다. 많은 시민 활동가들은 그런 리더들을 가리켜 신뢰할 수 없는 사람들이라고 공공연히 이야기한다. 하지만 그들은 조직 구성원들이 신뢰하기 때문에 그 자리에 오른 사람들이다. 만약 리더가 구성원들의 지지를 조금도 받지 못하는 조직이라면, 그런 데서는 운동의 성공도 기대하기 어렵다. 노동자들은 '아래로부터' 조직되어야 한다는, 좌파들 사이에 만연해 있는 인식은 조직가의 오만을 보여 주는 가장 분명한 사례 가운데 하나다. 이런 인식의 밑바탕에는 노동계급 내부의 리더나 리더가 되려는 사람들이 주장하거나 지지하기는커녕 생각조차 해본 적 없는 메시지를 자신들이 갖고 있다는 가정이 깔려 있다. 좀 더 겸허한 관점에서 보면 깨닫게 되겠지만, 이런 가정은 대부분 명백히 틀리다.

리더와 접촉한 다음에는 기존 단체들과 일종의 연합체를 구성하거나 지역 지부를 만드는 방법을 생각해 볼 수 있다. 어떤 경우든 실제 활동은 그 단체나 지역에 뿌리내린 사람이 주도해야 한다. 어떤 중요한 정치 사업도 외부인에 의해 오랫동안 지속될 수는 없다. 외부인이 몇몇 사람들을 운동의 대의에 헌신하도록 만들고 그들이 대중투쟁을 이끄는 것처럼 보이게 할 수는 있겠지만 말이다. 단체나 지역에 자리 잡은 활동가가 책임을 맡으려 하지 않는다면, 그 운동은 포기하고 다른 곳에서 다시 시작하는 것이 최선이다. 만약 책임을 맡겠다는 사람이 있다면, 그들이 원하는 대로 하도록 내버려 둬야 한다. 시간이 흐름에 따라 운동의 대의는 새로운 방식과 내용으로 사람들 사이에서 이야기되며, 활동 또한 새로운 면모를 갖게 될 것이다. 이처럼 단체와 지역에 뿌리내린 사람들이 주도하는 운동이 한 나라 안에서, 심지어 한 도시 내의 여러 지역에서 서로 다른 모습을 보여 준다면 그것만큼 좋은 일도 없다.

가난한 사람들 속에서 운동을 할 때 반드시 기억해야 할 것이 있다. 그것은 가난한 사람들에게는 운동의 대의보다 더 절박하고 더 즉각적인 관심사가 있다는 사실이다. 중산층이 가진 최악의 편견은 다른 모든 사람이 자신들과 마찬가지로 여유로운 생활, 사심 없는 마음, 이상에 대한 열정을 갖고 있다거나 그래야만 한다고 생각하는 것이다. 사실 많은 사람들에게 대의란, 그것이 자신과 관련된 것일지라도 그저 가끔씩 관심을 가질 수 있는 사치품에 불과하다. 그래서 사람들이 필요로 하는 통상적인 서비스를 제공하는 평범한 정치인이, 유토피아를 위한 정책 프로그램 운운하는 시민 활동가보다 더 많은 지지자를 더 쉽게 확보할 뿐만 아니라 마땅히 그럴 자격이 있다고 말할 수 있다.

이런 정치인을 지지하는 사람들은 억압의 피해자나 '허위의식'의 희생자가 아닌 합리적 인간이다. 바로 이런 이유 때문에 운동 단체의 스태프들도 탁아와 법률 지원, 복지 프로그램에 대한 안내와 조언 같은 서비스를 제공한다. 같은 이유에서 시민들 또한 평범한 정치인을 찾아가거나 지역 활동가에게 출마를 강력히 권유하는 것이다. 가난한 사람들 사이에서는 대의만 가지고 운동을 전개할 수 없다. 이 말은 운동이 자신의 단일 이슈를 포기해야 한다거나 포기할 수밖에 없다는 것이 아니라, 다른 이슈를 다루는 정치집단이나 야심 있는 사람들과도 연합을 구성해야 한다는 것이다.

7 연합

정치활동가들이 운동의 목표를 달성하거나 최소한 그 목표의 일부라도 쟁취하고 나면, 그들의 조직에 더 많은 사람들이 가입할 뿐만 아니라 다른 조직들이 동참하기도 한다. 그런데 다른 조직과 함께 일하면서 만나게 되는 사람들은 활동가들 자신과 똑같은 사람들이 아니다. 대체로 이해관계도 다르고, 소속감을 가진 조직도 다르며, 운동을 위해 어떤 수단이 적절한지에 대한 생각도 다르다. 그들이 열심히 활동한다 해도 아마 자신이 속한 단체에서만 그럴 것이다. 함께하는 조직들 중에는 이미 확고하게 자리 잡은 단체들도 있을 텐데, 이런 단체의 리더는 운동에 대한 믿음도 별로 없는 데다 자신이 가진 우월한 지위를 운동보다 더 중요하게 생각한다. 또 어떤 단체들은 운동만큼이나 시작된 지 얼마 안 됐고, 회원들도 운동에 참여한 다른 사람들과 마찬가지로 희망에 차 있지만 자신들만의 독자적인 구상이나 계획을 갖고 있다. 다른 한편, 운동의 대의에 약간만 관심을 보이는 집단이 있는가 하면, 적어도 한동안은 운동에 전념하려는 집단도 있을 것이다. 어떤 경우든 이제 운동은 다양한 종류의 협력·연대·연합이 가진 상대적 이점을 고려해야 한다.

이 세상 모든 사람들이 선의를 가지고 있다 해도 협력은 쉬운 일이 아니며, 실제 현실에서는 그보다 훨씬 더 작은 선의에도 만족할 줄 알아야 한다. 여기서 핵심 문제는 서로 다른 여러 조직들이 상호 경쟁 관계에 있다는 것이다. 그들은 한정된 회원, 자금, 언론 보도 등을 놓고 서로 다투는 상황에 놓여 있다. 단일 이슈 운동의 경우, 목표를 이뤄 낸 후에는 해산하겠다고 약속하며 자기 이슈에만 집중한다면 어느 정도까지는 그런 싸움의 강도를 줄이며 곤란한 문제들도 피할 수 있다. 노동조합이나 정당처럼 상시적인 조직의 경우에도, 그 지도부가 운동과의 협력을 통해 운동이 동원한 사람들 중 일부라도 넘겨받을 것을 기대할 수 있으므로 앞서 말한 경쟁 관계가 큰 위협이 되지 않을 수 있다. 그러나 목표가 중복되거나 유사한 집단들 사이에서는 갈등이 발생할 수밖에 없다. 그들은 전략에 대한 의견도 다르고, 공략하는 지지층도 다르며(그러나 실제로는 같은 운동 공간에 있는 핵심 활동가들을 영입하기 위해 경쟁하며), 서로에 대해 멍청이, 골칫거리, 심지어 배신자라고 손가락질하며 비난한다.

이 모든 문제에도 불구하고 연대와 연합은 가능하고 필요하다. '낯선 이들과의 동침'도 필요하다는 격언은 사실상 준칙이라 해도 과언이 아니다. 평소 같으면 말도 섞고 싶지 않을 사람들과 '동침'하는 것이야말로 정치활동, 즉 일상적으로 행하는 주장과 책략을 통해 이뤄 내야 할 목표다. 그러나 이 특별한 친밀함을 형성하는 일에도 따라야 할 정치적(그리고 윤리적) 지침이 있고, 시민 활동가들이 청교도적 결벽증과 대책 없는 열정 사이에서 연합과 연대로 가는 올바른 길을 찾기란 쉽지 않다. 이는 때와 장소에 따라 다르며, 일반적인 윤리적 삶에서도 그렇듯이 그 사람의 성품에 달려 있는 문제이기도 하다. 사회적으로 용인될 수 없는 활동을 하는 단체도 있을 수 있는데 그럴 경우 때로는, 예컨대 나치나 스탈린식 공포정치를 옹호하는 이런저런 조직과는 어떤 종류의 연대도 고려하지 않겠다고 공언할 필요가 있다. 그러나 크게 중요한 문제가 아니라면, 시민 활동가들은 자신이 지켜 온 윤리적 태도를 과시하지 말아야 한다. 통상적인 부패나 기회주의와 마주할 때도 의견 차이 정도로 치부해 처리할 수 있고, 또 그렇게 하는 편이 낫다. 여기서 유일한 문제는 어떤 상황에서 그렇게 할 것인가이다.

일시적인 연대 활동은, 운동이 구체적인 목표를 염두에 두고 진행할 때 가장 잘 이뤄질 수 있다. 따라서 운동 지도부는 주도적으로 특정 활동을 제안해야 하며, 그래야만 구체적인 도움을 요청할 수 있다. 물론 도움의 대가를 지불해야 한다는 점도 고려해야 하고, 그 대가로 기꺼이 지불할 수 있는 다양한 형태의 비용도 항상 미리 계산해 둬야 한다.

연합 집회를 예로 들어 보자. 협력을 구해야 하는 상대 조직은 아마도 자기들 소속 회원만 모이는 별도의 소집회를 갖거나 자체 제작한 인쇄물을 배포하거나 단상에 올라 연설할 기회를 원할 것이다. 그렇게 하도록 양해하는 대신 충분히 많은 사람들이 집회에 모이고, 충분히 많은 진행 요원들을 제공받고, 충분히 많은 돈을 모을 수 있다면, 이 연합은 잘한 것이다. 하지만 그들이 약속한 '충분히 많은' 것들이 기대에 비해 너무 적다면, 이 연합은 크게 잘못한 것이다. 실제로 큰 도움을 받을 수 있는 단체라 해도 그들과의 협상 역시 까다로울 가능성이 매우 높다. 운동은 한편으로 단합과 성공을 바라는 마음과, 다른 한편으로 수많은 이견 집단과 정책, 분파적 슬로건, 행사와 무관한 연설들 때문에 자신들의 주장이 묻혀 버리거나 심지어 잘못 전해질지도 모른다는 (정당한) 두려움 사이에서 갈피를 잡지 못할 수도 있다. 어떤 결정을 내려야 할지는 분명 사례마다 다르겠지만, 협상에서 매우 흔히 나타나는 협박에 대해서는 조언이 필요하겠다.

운동 지도부는 자신들보다 왼편에 있는 집단들과 단절해야 함에도 그러지 못하는 상황을 걱정하는 경우가 많다. 좌파 단체들이 규모도 작고 규율도 약하고 큰 도움이 되지 않을 때조차 그들과 단절하기는 쉽지 않다. 그래서 운동은 계획했던 것보다 훨씬 더 전투적인 행동으로 이끌리곤 한다. 지도부가 좌파 단체들과의 단절을 두려워하는 데 전혀 근거가 없는 것은 아니다. 전투적인 급진 좌파들은 누구보다 헌신적이고, 운동에 더 많은 시간을 할애하며, 더 큰 위험도 감내할 준비가 되어 있다. 이런 사람들은 여러 신참 활동가들로부터 순진한 경외의 마음을 불러일으키기도 한다. 그들을 부정하는 태도는 비겁하거나 소극적인 것처럼 보인다. 하지만 그런 태도가 필요한 경우도 많다. 이유는 세 가지인데, 이를 연합을 형성하기 위한 일반적 지침으로 봐도 좋다. 첫째, 운동의 정체성을 지키기 위해. 둘째, 향후 가장 큰 집단과 연대할 가능성을 열어 두기 위해. 셋째, 운동이 제시한 새로운 정치적 견해에 아직 동의하지 않았거나 신중하게 접근하는 시민들을 계속 끌어들이기 위해.

장기적인 연합을 형성하는 데 중요한 일들은 직업정치인들에게 맡겨 두는 편이 최선이다. 이런 일에는 나름의 치밀함과 지치지 않고 끝없이 타협하는 능력이 필요한데, 이런 자질은 시민 활동가들의 강점이 아니다. 상시적인 협력은, 지지층이 서로 다른 다양한 운동들이, 자신들보다 규모가 크고 자신들 모두에게 혜택을 약속하는 조직에 동참할 때만 가능하다. 여기에 적합한 조직은 대중 정당이며, 새로 결성된 정당이든 오래된 정당이든 관계없이 그렇다.

공약은 누구나 알다시피 공직을 추구하는 사람들의 몫이다. 시민 활동가들은 지지자들을 동원해, 정당들이 운동의 요구를 받아들이고 싶어 하도록, 후보들이 관련 공약을 제시하고 싶어 하도록 만드는 것을 목표로 삼아야 한다. 활동가들이 승리하는 경우는 자신들의 단일 이슈를 주요 정당의 강령에 포함시킨 다음 지지자들로 하여금 투표에 참여하도록 만들 때이다. 이와 반대로 그들이 패배하는 경우는 지지자들을 동원하기 전에 정당 정치로 흡수될 때이다. 직업정치인들은 가장 큰 집단과 최대한 모호한 방식으로 협상하기를 선호한다. 그런 만큼 활동가들은 최대한 구체적인 조건을 요구할 수 있을 때까지 정치인들과의 협상을 미뤄야 한다.

8 지역 정치

젊은 활동가들은 종종 자신이 원하는 지역을 선택해 운동을 펼치기도 하지만, 대부분의 시민들은 그럴 수 없다. 생활공간은 사람들이 어떤 문제와 대면하고, 어떤 대안을 선택하는지에 적지 않은 영향을 미친다. 대도시 중심부와 대학 도시에서는 시민정치가 무척이나 흥미로우면서도 매우 힘들며 때로는 기이하기까지 하다. 이런 곳에서 운동하는 활동가들은 한순간도 혼자일지 모른다고 두려워할 필요가 없다. 독자적인 활동을 계속할 수 있을 만큼 활동가들의 수가 많기 때문이다. 또한 소도시나 교외 지역 활동가들처럼 중앙정부의 공직자나 정책, 전국 단위 언론 매체의 보도에 크게 의존하지 않아도 된다. 하지만 그들은 파벌 싸움이나 분파적 음모를 일삼는 데 대부분의 시간을 보내며, 그렇게 서로에게 몰두하곤 한다. 물론 이따금씩 하나의 대의를 위한 단일 운동에 많은 사람들을 동원할 수 있고 언제든 그럴 수 있을 것처럼 보이기도 하는데, 이는 운동 정치를 매우 흥미롭게 만드는 요소다. 이런 상황은 전국적인 운동이 전개되는 맥락에서 가장 잘 나타나며, 오직 이런 경우에만 운동이 가져올 성과가 충분히 클 것이라 기대되기 때문에 활동가들은 내부 분파 투쟁을 멈추고 새로운 사람들을 끌어들인다.

소도시나 교외 지역의 정치는 좀 더 평온해 보이며, 이곳에서는 내가 논의하려는 문제가 거의 나타나지 않는다. 이런 곳에서는 대체로 소수의 동질적인 사람들이 모든 정치운동에 가담한다. 이들은 서로 다른 모자를 쓰거나 주장하는 대의가 달라도 웬만해서는 서로 경쟁하지 않는다. 이런 조건에서는 연합 정치도 쉽다. 하지만 운동을 유지하는 것 자체가 어려울 수 있으며 새로운 사람들을 설득해, 튀어 보이며 지역사회와 동떨어진 운동 집단에 참여시키는 것은 훨씬 더 어려울 수 있다. 따라서 이런 곳에서는 외부 운동과의 연대가 절대적으로 중요하고, 전국 단위 운동의 중앙 사무국이 지역 운동 단체로 하여금 매달 혹은 매년 다양한 활동을 진행할 수 있도록 돕기 위해 각종 운동 안내서와 이슈 브리핑 자료 등을 제공하기도 한다. 중앙 사무국 또한 이들 지역 운동 단체의 지지에 힘입어 유지되는데, 이런 관계가 형성되고 나면 지역 단체들도 어떤 식으로든 존속할 수 있다. 대도시의 급진파들은 이렇게 소도시나 교외 지역에서 활동하는 '자선가들'을 무시하는 경향이 있는데, 이는 어떤 경우든 잘못이다. '자선가들'은 좋은 일을 한다. 그들은 운동이 유지될 수 있도록 기반을 제공한다. 급진파들이 기대도 하지 못하는 그런 시기와 장소에서 말이다.

그러나 전국적인 운동이 큰 지지를 얻을 때면 언제나 이들 지역 단체의 다수는 새로운 참여자들에게 휩싸이고 압도당함으로써, 익숙했던 평온한 고립이 갑작스레 끝나는 상황에 당황할 수 있다. 그들이 훈련시킨 사람들 가운데 몇몇은 계속 지역에 남아 새롭게 부상한 조직에

연속성과 리더십을 제공할 것이다. 하지만 이와 같은 시기에 권력은 (전국을 순회하는 조직가나 운동 전문가의 모습을 띤 채로 다시금) 중심부로 또는 쟁취해야 할 중요한 승리가 있는 대도시로 흘러 들어간다. 만약 전국적인 운동이 실패한다면, 지역 단체들은 사태를 수습하고 이전처럼 자기 활동을 계속해 나갈 것이다.

미국 같은 연방제 국가에서 전국 정치와 지역 정치간의 관계는 대단히 복잡하다. 정책 결정의 중앙집중화로 연방 정부의 권한과 자원은 점점 더 늘어나고, 언론매체들은 전국적으로 중요한 의미를 갖지 않는 사안에 대해 보도를 꺼려 지역 활동을 유지하기가 점점 더 어렵지만, 정치권력은 여전히 50개 주에 불균등하게 분산돼 있다. 이런 현상은 미국의 선거 주기인 4년 가운데 연방 상하원 의원과 대통령 선거가 동시에 치러지는 1년을 제외한 3년 동안▼ 두드러지게 나타나며, 대부분의 운동 정

▶ 미국에서는 연방 의회의 상원과 하원, 대통령이 각기 서로 다른 주기로 선출된다. 건국 당시 헌법 제정자들은 다수파가 일방적으로

치에서 특히 더 그렇다. 이 기간 동안 정치활동을 위한 훈련을 받고, 대의에 대한 신념을 키우며, 천천히 조직을 건설하는 일은 모두 지역 차원에서 이뤄진다.

따라서 리더가 되려는 사람들은 지역 차원, 즉 상대적으로 잘 알려지지 않은 지역이나 도시 공동체에서 열심히 활동하고 조직을 꾸리며 자기주장을 제시하는 노력을 통해 자질을 검증받는 과정을 피할 수 없다. 그러나 활동가들이 이른바 '바닥을 다지는 일'에 지나치게 큰 의미를 부여하는 것은 잘못이다. 그 일이 가치가 없다는 말이 아니라, 지지와 열정을 끌어모아 목표를 달성하는 승리의 순간에 느끼게 되는, 삶에 대한 자극과 극적인 경험, 이런 것들 없이 바닥만 다지는 방식에는 뚜렷한 한계가 있기

연방 정부의 법률과 정책을 좌우하는 '다수 독재'를 크게 우려했다. 그래서 다수파가 한 번에 선출직 기구 모두를 장악하는 상황을 막기 위해 연방 하원은 2년마다, 연방 상원은 의원들을 3분의 1씩 나눠 6년마다, 대통령은 4년마다 선거를 통해 선출하도록 했다. 그 결과 여타 주州·지역 단위 선거들과 함께 4년 단위로 가장 많은 선출직 공직자가 결정되는 선거 주기가 만들어졌다.

때문이다.

대의란 대부분 수도 워싱턴이나 그곳으로 가는 길에서 최종적으로 실현될 것임이 분명하다. 그러므로 운동은 이를테면 샌프란시스코나 뉴욕 이외의 지역에서는 아무 일이 일어나지 않고 있을 때에도 가능한 한 전국적인 투쟁이 이뤄지고 있다는 이미지를 보여 줘야 한다. 물론 운동의 참가자들이 자신이 투사한 이미지에 빠져서는 안 될 것이다. 전국 곳곳에 든든한 지지 집단을 구축하고, 결정적인 순간에 이들의 존재를 보여 줄 수 없다면, 운동은 신기루에 불과하다. 전국적인 운동의 이미지는 지역 활동에 활력을 불어넣는다. 그러나 이미지를 현실로 바꿔 내는 것은 지역 활동밖에 없다.

9 세 가지 조직 구조

시민들의 정치활동을 뒷받침하는 조직은 권력이 그 조직 내부의 어디에 위치하느냐에 따라 크게 세 종류로 나눠 볼 수 있다. 이 가운데 어떤 것이 도덕적으로 더 정당한가에 대해서는 여러 주장이 제기될 수 있고, 그런 주장들이 운동에 관한 논쟁의 상당 부분을 차지하는 것 또한 사실이다. 하지만 나는 때와 장소에 따라 그것에 적합한 조직 구조가 있다고 생각한다. **이 조직 구조에 대한** 결정이 어떤 방식으로 이뤄져야 하는지에 대한 논쟁은 의미 있고 종종 필요한 일이기도 하다. 반면 일반적인 의사 결정의 과정과 방법에 대한 논쟁은 대체로 무의미하거나 불필요하다.

가장 일반적인 조직 구조는 **간판 집단**front group▼ 구조다. 여기서 권력은 조직 중앙에서 활동하는 스태프, 혹은 이들 스태프를 고용한 사람들(때로는 정당이나 정파 내지 분파)이 확고하게 장악하고 있다. 다수의 회원들은 아무런 권력도 갖고 있지 않으며, 적극적인 역할을 맡는 경우도 드물다. 이때 회원이란, 조직이 자신을 활용해도 좋다고 허락한 사람들이다. 그들은 운동의 대의에 자신의 이름과 돈을 제공하며 때로는 집회나 시위, 행사 등에 참여하기도 한다. 그들은 아마도 조직이 내세운 대의에 동의하고 있을 것이다. 때로는 그 대의의 정확한 성격을 잘 모르거나 현혹되는 경우가 있더라도 말이다. 혹은 그들은 운동을 후원하는 몇몇 인사들을 신뢰해서 참여했을 수도 있다. 이런 인사들은 이전부터 조직의 대의를 지지해 왔지만, 조직의 일상적인 활동까지 책임지고 있는 사람들은 아니다. 회원들 (혹은 기부자, 청원 서명자, 시위 참가자

▶ front는 위장 또는 위장용 간판을 의미한다. 따라서 말 그대로 번역하면 위장 조직이 정확하겠으나, 이 표현은 본문의 맥락에 비해 지나치게 부정적인 의미를 담고 있어 여기서는, 이런 조직을 이끄는 핵심 인사들을 가려 준다는 의미로 한정해 '간판 집단'으로 번역한다.

등 느슨하게 참여하는 사람들) 역시 책임지고 싶어 하지 않기는 마찬가지다. 이들은 상시적인 활동에는 적극적으로 참여하지 않으며, 조직의 내부 정치에도 관여하지 않는다. 간판 집단에서 모든 정치는 스태프들의 몫이다.

간판 집단은 흔히 엘리트 중심 구조라고들 하는데, 이는 정확한 평가다. 이런 조직은, 스태프들이 전문적인 활동을 통해 (대체로 보잘것없는 수준이지만) 생계를 유지할 수 있다는 점을 알게 됨에 따라 점점 더 전문화되는 경향이 있다. 스태프들이 그들 활동의 본질을 가려야만 크고 인상적인 간판을 얻을 수 있다고 판단할 때 이 조직은 언제든 기만과 조작의 길로 나아간다. 그럼에도 불구하고 시민들이 이런저런 엘리트 집단의 지시에 따라 이따금씩 이름을 빌려주고, 돈을 기부하며, 집회나 시위에 참석하는 것은 잘못이 아니다. 왜냐하면 유능한 스태프들이 좀 더 자유롭게 전략 전술을 구사하면서도, 다른 한편으로 대중의 지지를 받고 있다는 사실을 보여 줘야만 중요한 정치적 승리를 가장 쉽게 얻을 수 있기 때문이다. 게다가 이런 스태프들이 완전히 자유로운 것도 아니다. 그들은 대중이 언제든 운동에서 이탈할 수 있다는 암묵적인 위협에 의해 대의에 구속된다.

압력정치는 대체로 간판 집단 모델을 바탕으로 조직된다. 1960년대 민권운동과 반전운동 당시 대규모 시위는 기본적으로 스태프들이 주도한 것이다. 이런 경우 조직 중앙의 스태프들은 운동에 참여하는 사람들을 대표해 그들의 요구와 가치를 세상 사람들에게 알린다. 이들은 공직자들에게 청원서를 제출하고 의회에서 로비 활동을 벌이며, 대중매체를 통해 전국의 시민들에게 관심과 참여를 호소하고, 집회나 행진을 기획하고 홍보한다. 그러나 이 스태프 활동가들은 선출직 대표가 아니다. 이들은 대체로 자신의 요구와 가치를 가지고 운동을 시작하며, 그러고 나서 자신이 대변하고자 하는 지지자들을 찾아 그들을 규합한다. 간판 집단은 특정 견해에 집중해 이를 확산시키는 데 이상적이다. 간판 집단은 어떤 정치적 입장에 대한 대규모 지지를 만들어 내거나 그런 지지를 받고 있는 것처럼 보이게 할 수 있는데, 이는 그런 지지를 모으는 일이 많은 시간이 걸리거나 크게 어렵지 않기 때문이다.

스태프들은 그 밖에도 다른 사람들이 하기 힘든 전문적인 서비스를 제공할 수 있다. 대표적으로 활동가들로 구성된 법률 지원팀은 소송비용 모금이나 정치적 로비 활동을 위해 사법제도와 절차에 대한 분노를 공론화하며, 소송 당사자들의 정치활동에 대한 동정 여론을 모아 내기도 한다. 이 가운데 동정 여론을 조직하는 일이 가장 효과가 적은데, 그렇게 해서 얻은 동정은 단기간의 보여 주기식 효과는 있을지 몰라도 오래 지속되거나 깊이 뿌리내리기는 어렵기 때문이다. 스태프들이 주도하는 활동은, 인상적인 승리를 얻을 때조차 정치의식을 창출하는 데까지 나아가기 어렵다.

이런 문제는 대체로 간판 집단 모델을 따라 운영되는 선거운동에서 특히 분명하게 나타난다. 여기서 후보는 그를 도우러 온 이들이 선출한 사람이 아니다. 자원봉사자들은 전략적 결정은 물론 전술에 대한 결정조차 내릴 수 없다. 그들은 후보의 입장도 결정하지 못한다. (물론 영향을 미칠 수는 있겠지만 말이다.) 그들은 후보가 어떤 입장을 갖고 있는지, 그 입장이 얼마나 진지하거나 확고한지도 잘 모를 때가 많다. 그럼에도 후보를 믿고 따르며, 그를 위해 하는 일이 후보에 대한 신뢰를 강화하기도 한다. 비록 그 일이 이런 신뢰를 이용한 것이라도 말이다. 어느 정도는 바로 이런 활동 방식 때문에, 선거운동에 참여한 사람들이 운동이 제기한 이슈나 정책에 대한 신념을 강화하기란 쉽지 않다. (그들이 통상적인 선거운동 조직과 매우 다른 방식으로 조직된 운동 단체의 일원으로서 선거운동에 참여한다면 다르겠지만 말이다.)

간판 집단은 지속적인 대중 동원에 적합한 수단이 아니다. 간판 집단의 스태프들은 많은 사람들의 서명을 받을 수 있고, 간헐적인 시위나 선거운동에 수천 명의 사람들을 불러모을 수도 있다. 그러나 지속적인 활동을 위해서는 중요한 권력이 (최소한 형식적으로라도) 다수 활동가들에게 있는 구조가 필요하다. 두 번째 모델은 바로 이와 같은 필요에 따른 것으로, 회원들이 직접 또는 간접적인 방식으로 리더를 선출하고 리더가 회원들에 대해 책임지는 **중앙집중화된 민주주의**centralized democracy이다. 이런 조직 구조는 회원들이 일정하게 내부 정치에 참여하는 것을 전제로 한다. 운동의 힘은 이런 참여가 중앙 지도부에 부여하는 정당성으로부터 나온다. 지도부의 지시도 폭넓게 수용된다. 지도부는 다수의 회원들이 함께 행동할 것이며 끝까지 지침에 따라 움직일 것이라는 확신을 갖고, 파업·시위·선거운동 등에 대한 지시를 내릴 수 있다. 어쨌든 이것은 하나의 이상적인 모습이다. 민주적인 운동은 놀랄 만한 규율을 실현할 수 있는데, 그 이유는 규율이 그것을 지켜야 하는 사람들의 동의(때로는 계급적·민족적 연대에 따른 것일지라도)를 기반으로 하고 있기 때문이다.

하지만 많은 수의 활동가들이 자신이 지지하는 운동의 내부 정치에 참여하는 경우는 매우 드물며, 이럴 경우 운동 조직은 대체로 이중 구조의 성격을 띠게 된다. 여기서 운동의 지지자들은, 조직 중앙의 스태프들이 아니라

(혹은 중앙 스태프를 포함한) 핵심 활동가들을 위한 간판 역할을 하며, 이 핵심 활동가들은 지지자들로부터 재정적·도덕적 지지에 더해 때로는 물리적 지원까지 제공받는다. 그리고 이 간판 뒤에는 간부 민주주의cadre democracy, 즉 활동가들의 자치 체제가 자리 잡고 있다. 이런 이중 구조는 시민정치에 가장 유용한 형태 가운데 하나다. 왜냐하면 이와 같은 구조 덕분에 운동의 핵심 활동가들과 다수 지지자들 사이의 이동이 쉽게 이뤄질 수 있기 때문이다. 이중 구조는 (예컨대, 반전운동에서) 중앙 조직의 스태프들이 계획한 활동에 필요한 대중적 지지를 모아 주곤 하는 지역 단체에서 특히 일반적이다. 지역 단체의 간부들은 자신들이 아니라 중앙 조직이 기획하거나 주관한 시위 혹은 선거운동에 참여하기로 결정하고, 지지자들에게도 참여를 요청한다. 그러나 다른 한편으로 자신들이 직접 기획하고 주관하는 운동에 참여하며 대의에 대한 굳건한 신념을 지켜 나간다. 이런 단체에서는 지지자들에게 할 수 있는 요구와 간부들이 누릴 수 있는 자유가 모두 제한적이다. 하

지만 이런 제약은 대체로 시민운동에 필요한 것이다.

이중 구조를 갖지 않는, 중앙집중화된 민주주의는 (강력하고 안정된 리더십을 필요로 하며, 때때로 구성원들에게 엄격한 요구를 부과하는) 정당·정파·노동조합에 가장 적합하다. 이런 조직 구조는 정책과 프로그램에 대해 전반적인 합의가 존재하는 경우에만 가능하다. 민주적 국가 공동체와는 반대로, 민주적 운동은 공통의 경제적 이익이나 이데올로기 같은, 매우 견고한 합의에 의존한다. 그러나 바로 이런 합의 때문에 리더에 대한 민주적 통제가 쉽게 이완되거나 완전히 사라지기도 하는데, 그 결과는 국가 차원에서 리더에 대한 통제가 사라졌을 때 초래되는 상황과 크게 다르지 않다. 정파나 노동조합은 종종 공식적으로는 민주적이지만 실제로는 일종의 독재 체제로 운영되기도 한다. 이럴 경우 시민운동은 이따금씩 독재자들에게 도전해 반란을 일으키는 활동에서만 유용하다.

어떤 합의도 존재하지 않을 때 정치활동을 위한 최선의 모델은 일종의 **연방제**federalism이다. 여기서 권력은 여러 단체에 흩어져 있다. 이들 단체는 대부분 지리적으로 분산돼 있고, 각기 다른 방식(이를테면 독재적인 정파, 간부 민주주의, 스태프 중심의 간판 집단 등등)으로 조직돼 있다. 이들 모두는 느슨하고 비공식적인 방식으로만 서로의 활동을 조율한다. 새로운 제안은 모두 단체별로 논의를 거쳐야 한다. 그러다 보니 단체마다 제안하는 활동 계획도 제각기 다르다. 각 단체가 선택권을 갖는 것이 원칙이다. 전체 조직 활동의 조율을 담당하는 위원회는 각 단체를 개별적으로 설득해 동의를 받아야만 권력을 얻게 되는데, 이런 권력은 합의된 프로젝트가 진행되는 동안에만 유지된다. 연방제는 이견을 반영하고 그것에 대처하는 조직 모델이지만, 시민 활동가들이 종종 높이 평가하는 또 다른 특징이 있다. 그것은 의사 결정 과정에 관여하는 사람들의 수를 늘려, 소수 엘리트가 운동을 좌지우지하기 위해 속임수를 쓸 가능성을 줄여 준다는(혹은 엘리트의 수를 크게 늘리고 분산시킨다는) 것이다.

지역 수준에서 승리를 쟁취해야 할 중요한 이슈가

없다면, 연방제는 정치활동에서 가장 효과가 적은 조직 형태다. 각 단체의 재량권이 강하다 보니 중앙의 지도부는 권위도 주도권도 갖지 못한다. 이 때문에 중앙 지도부는 다른 정치 세력과의 협상이나 연대도 거의 할 수 없고, 단기적인 계획조차 세우기 어렵다. 아마도 이런 조직 구조는, 새로운 단체들은 속출하는데 이들을 이끌어 나갈 중앙 기구는 아직 만들어지지 않은, 시민운동 발전의 초기 단계에서 나타나는 전형적인 모습일 것이다. 이런 조직들은, 많은 활동가들이 효능에 절망할 때조차 꽤 오랫동안 유지되는데, 그것은 함께하는 모든 단체의 권력을 통합하거나 압도할 수 있는 방법을 누구도 찾아내지 못했기 때문이다.

처음 운동을 도모했던 활동가들이 운동이 성장하는 과정에서도 계속 통제권을 유지하고 싶다면, 연방제 구조를 선택해서는 안 된다. 그들은 자신들이 처음에 세워 놓은 그럴듯한 외관을 그대로 둔 채 그 뒤에 있는 사무국에서 계속 일할 수도 있고, 아니면 자신들의 주도권을 내세우며 앞에 나서서 대중적 지지를 얻고자 노력할 수도 있다. 이들 중 후자의 경우가 특히 흥미로운데, 왜냐하면 대중의 지지를 얻기 위해 노력하는 과정에서 활동가들은 틀림없이 반대에 부딪힐 것이기 때문이다. 민주적인 조직에는 갈등이 내재돼 있다. 이것을 분열적이라고 안 좋게만 볼 필요는 없다. 갈등은 내부 논쟁을 자극하고, 유의미한 실천으로 이어지는 경쟁을 촉발하며, 조직에 활력을 불어넣을 수 있다. 그러나 갈등은 리더십이 얼마나 중요한가를 (종종 극적인 방식으로) 보여 주기도 한다. 왜냐하면 최선의 정치조직이란 어떻게 구성되느냐가 아니라 어떻게 운영되느냐에 따라 결정될 수 있기 때문이다.

10 리더

흔히들 생각하는 것보다 훨씬 더 많은 사람들이 정치권력을 갖고 싶어 하지 않는다. 이런 사람들에게는 명령을 내리고 싶은 욕구도 없고, 어떻게든 자기주장을 관철하려는 고집도 없다. 다만 옳은 일을 하고 싶고, 누군가 자신에게 무엇이 올바른지 말해 주기를 바랄 뿐이다. 바로 이런 이유 때문에, 이제 막 시작한 운동이 직면하게 되는 큰 어려움 중 하나는 운동에 참여한 사람들 가운데서 리더를 선출하기가 쉽지 않다는 것이다. 자신을 내세우는 사람들은 대개 과거의 정치 경험과 개인적·이데올로기적 신념을 갖고 있는데, 그것이 때로는 운동이 표명한 목표에 부합하지 않는 경우가 있다. 리더가 되려는 사람들 중에는 대의를 위해서가 아니라 자신의 야심을 실현하기 위해 시민운동을 이용하는 이들도 있다.

여기서는 두 종류의 사람만 살펴보자. 하나는 기존 정치에 불만을 품은 직업정치인이고, 다른 하나는 분파적 급진주의자이다. 이들은 모두 운동에 도움이 될 수도 있지만, 때로는 운동을 좀먹기도 한다. 운동 과정에서 리더로 만들어지거나 발탁된 아마추어들을 이런 사람들이 대체하도록 내버려 두는 것은 잘못이다. 아마추어들이 아무리 리더로 나서려고 하지 않거나 경험이 부족하더라도 그렇다.

공직을 갖지 못한 정치인들은 시민운동에서 기회를 찾기 마련이다. 이들 중에는 나름의 열정을 갖고 대의에 헌신하며 활동가들을 자신의 선거운동 조직으로 흡수하고자 노력하는 사람들도 있다. 운동 내부에서는 그들의 헌신을 회의적으로 바라보는 사람들이 많다. '모모 정치인은 전에는 왜 운동에 열심히 참여하지 않았지?' (그러면 분명 이런 질문이 되돌아올 것이다. '시민들은 왜 예전에는 운동에 나서지 않았지?') 이런 회의적인 태도는 일견 정당한 것 같지만, 정부에 비판적인 정치인이 함께한다는 사실은 활동가들에게도 기회라 할 수 있다. 이런 정치인은 활동가들이 기성 정치에 접근할 수 있도록 해주는 매우 중요한 통로다. 이제 해야 할 일은, 공직을 추구하는 정치인들에게 그들이 필요로 하는 지지와 더불어 자극과 압력을 계속 제공할 수 있는 방법을 찾아내는 것이다. 이를 위해서는 운동과 후보가 상호 독립적인 관계를 유지해야 하는데, 운동에 참여한 사람들이 후보의 선거운동원으로 뛰는 경우에도 그래야 한다.

운동과 후보 간의 독립적 관계를 강조하는 이유는 두 가지다. 첫째, 후보는 독자적인 세력으로서의 운동은 이끌려고 하지 않을 가능성이 높다. 왜냐하면 그는 운동에 참가한 사람들뿐만 아니라 다른 사람들에게도 다가가야 하거나 1968년 당시 유진 매카시 상원의원처럼 자신이 걸어온 삶과 지켜 온 가치관이 운동의 대의와 달라 운동 정치에 가담할 수 없기 때문이다. 둘째, 운동은 선거 이후 새로운 상황에서도 계속 자신의 활동을 이어 가야 하는데, 그것이 항상 후보에게 이익이 되는 것은 아니기 때문이다. 따라서 운동은 특정 후보를 전국적(혹은 지역의) 리더로 인정하면서도 그와 별개로 또 다른 운동의 리더를 계속 지지할 필요가 있다.

분파적 급진주의자들은 이제 막 시작한 운동에서 다른 종류의 기회를 감지한다. 즉, 자신들만의 협소한 운동 방식이나 모임 밖으로 나와 새로운 사람들을 교육하고 충원할 수 있는 기회 말이다. 물론 그들도 진심을 다해 운동의 대의에 헌신할 수 있다. 하지만 그들이 생각하는 대의는 여타 활동가들의 그것과 매우 다르다. 급진파들은 놀랄 만큼 부지런한 일상 활동 덕분에 쉽게 운동의 리더가 되곤 하는데, 일단 리더가 되고 나면 이들은 자신들만의 이데올로기적 프로그램에 따라 운동을 개조하려 한다. 그 결과 시민운동은 분파 내지 정파 집단을 위한 간판 혹은 헌신적인 활동가들이 정파 세계로 들어가는 창구로 변질될 수 있다. 그렇게 되면 당황한 시민들은 급진파들의 장기적인 구상과 이데올로기적 열정에 깜짝 놀라 운동에서 떨어져 나갈 것이다. 정확하고 냉정하게 말하자면, 분파는 운동에 기생하는 존재이며, 이데올로기적 급진파는 시민들의 분노에 의존해 살아가는 사람들이다.

　　그러나 급진주의자들도 시민 활동가들에게 큰 도움을 줄 수 있고, 이들과의 관계도 직업정치인과 아마추어 활동가 사이의 관계처럼 피할 수 없는 것이므로, 시민들이 시작한 정치활동이 계속 유지되고 성장하는 데 기여하는 방향으로 작동하게 만들어야 한다. 정치인과 급진주의자는 운동을 이용하려고 한다. 그렇다면 운동도 그들을 이용하는 방법을 찾아야 한다. 운동은 자신의 정당한 목적을 이루기 위해 급진파들의 이데올로기에 굴복하지 않으면서도 이들의 시간과 에너지, 역량과 열정을 활용해야 한다. 이런저런 활동에서 급진파들은 열정을 갖고 누구보다 열심히 일할 것이고, 당연히 그렇게 하도록 장려해야 한다. 하지만 동시에 이들이 활동의 정당한 대가라고 생각할 만한 것들을 얻지 못하도록 막아야 한다. 이는 자기 목표에 대한 확신을 갖고 있으며, (정치인들이 바라는) 순간의 승리와 (급진파들이 원하는) 궁극적 구원의 망상으로부터 자유로운 리더들만이 할 수 있는 일이다.

여기에 탁월한 조직적 책략 같은 것은 필요 없다. 견고한 기반을 갖고 지지자들과 소통하는 리더에게 필요한 것은 승리를 향한 작은 결의와 평범한 사람들이 보여 줄 수 있는 집념뿐이다.

시민들의 운동은 그 나름의 독자적인 시간 계획이 필요하다. 리더는 자기 시간을 모두 바칠 수 없는 사람들의 처지, 파트타임 활동, (상대적으로 짧은 기간에 이룰 수 있는) 단기 목표에 맞춰 운동을 조율해야 한다. 여기서 다시 리더의 선출과 관련해 앞에서 이야기했던 문제로 돌아가 보자. 파트타임이나 짧은 기간 동안만 운동에 참여하는 활동가들은 리더의 자리를 맡으려 하지 않으며, 동료들이 자신을 선출했을 때조차 확신에 찬 리더가 되는 것을 주저하는 경향이 있다. 그럼에도 불구하고 이들 시민 활동가가 리더로 선출되어야 하고 필요한 지원을 받아야 한다. 나는 시민정치가 성공하려면 (특히 지역 수준에서) 시민 리더의 육성보다 중요한 일은 없다고 생각한다. 역량 있는 사람들은 언제 어디서든 찾을 수 있다. 이런 사람들

은 모든 파업, 시위, 선거운동에서 만날 수 있으며, 책임
감을 갖고 위기에 대처한다. 그러나 직업정치인들이나
분파적 급진주의자들이 나타나 확신에 찬 목소리로 모두
에게 무엇을 해야 할지 말하기 시작하는 순간 그들은 사
라지고 만다.

　사람들에게는 운동 말고도 다른 할 일이 많다는 사
실을 아는 리더들이, 운동에서 무엇을 해야 할지 가장 잘
아는 이들이다. 따라서 다른 일도 해야 하는 뛰어난 활동
가들에게 정치활동을 계속 할 수 있는 길을 열어 주는 방
법을 열심히 찾아야 한다. 바로 이런 사람들이 시련을 겪
을 때 격려 받아야 하며, 자기 지역에서 중앙 조직으로 나
갈 준비가 되어 있을 때 그렇게 할 수 있고, 또 지역으로
다시 돌아오고자 한다면 그럴 수 있도록 지원받아야 한
다. 이런 활동가들을 돕는 방법이 한 가지 있다. 그들(과
가족)이 가난에 지치지 않도록, 그리고 전문가들이 누리
는 지위나 보상에 현혹되지 않도록 활동을 재정적으로 지
원하는 것이다. 이 문제는 다음 장에서 살펴보자.

11   모금과 지출

돈을 얻는 가장 쉬운 방법은 돈을 요구하는 것
이다. 그렇다면 누구에게 그런 요구를 할 수 있
을까? 다양한 사람들이 있다. 첫째, 돈이 많고 정치적으
로도 진지한 사람들이다. 그들은 지원을 요구받을 때 그
활동이 그럴 만한 가치가 있다고 확신해야 기부에 나선
다. 둘째, 정치 또한 일종의 사업으로 이해하는 기획자들
과 투자자들이다. 그들에게는 지원하는 활동이 흥행 내
지 성공할 것인가에 대한 확신이 가장 중요하다. 셋째, 시
위나 행진에 참여하고 싶지만 여러 가지 이유로 그러지
못해 미안해하는 비참여자들이다. 마지막은 실제로 시위
와 행진에 참여하는 사람들로, 이들 가운데 일부는 운동
뿐만 아니라 기부에도 참여한다. 앞의 두 집단은 개별적
으로 직접 요구해야 하고, 뒤의 두 집단은 언론 매체나 메

일을 통해 접근해도 좋다. 기부를 요청하는 데 능숙한 활동가들은 많지 않다. 그렇다면 (다른 경우와 마찬가지로) 이 일에서도 망설일 필요 없이 전문가들에게 도움을 구해야 하고, 그에 대한 사례도 지불해야 한다.

그러나 돈을 얻는 최선의 방법은 비정치조직이 흔히 하듯이 모금 사업을 통해 돈을 모으는 것이다. (물론 그것만으로 모든 활동비를 충당하기란 불가능하므로 기부 요청은 피할 수 없다.) 이렇게 돈을 모으는 일의 가치를 강조하는 이유는 청교도적 관점 때문만은 아니다. 모금 사업은 그 자체로도 중요한 활동이다. 왜냐하면 이를 통해 수많은 사람들이 중요한 일을 할 수 있는 기회를 제공받으며 일상적인 방식으로 운동에 대한 지지를 표명할 수 있기 때문이다. 정치활동에서 가장 크게 사기가 꺾이는 시기를 꼽아 보자면, 오랫동안 아무 일도 할 수 없을 때, 옆에서 우두커니 운동을 지켜보기만 해야 할 때, 두서없는 논쟁과 분파적 다툼으로 시간을 낭비할 때가 대표적이다. 모금 활동은 이런 시간을 보내는 데도 좋고 운동에도 도움을 준다. 많은 사람들이 이런 일에 익숙하며 잘하기도 한다. 그리고 할 수 있는 일을 해야 할 일로 생각하게 되는 것은 활동가들이 대의에 대한 헌신과 자기 확신을 갖는데 핵심적 요소다. 따라서 바자회, 도서전, 장터 같은 사업을 성공적으로 치러 내는 것은 평화, 사회 통합, 여성의 권리, 환경 보전 등의 대의를 위한 (작은) 승리라 할 수 있다. 그렇게 많은 사람들은 그저 '혁명'만 기다리고 있는 것이 아니라 무엇인가 의미 있는 일을 하고 있는 것이다. 정치활동에서도 영광의 순간들이 있겠지만, 활동가들은 평범해 보이는 일들에 대해서도 자부심을 갖고 실천하는 법을 배워야 한다.

모금(과 지출) 방식은 운동 내부의 권력관계에도 영향을 미친다. 조직 내 민주주의는 회원들이 모금 활동에 동참할 때 강화되며, 처음부터 지역 지부를 통해 모금이 이뤄질 때 더욱 강화된다. 그렇게 되면 회원들과 지부는 돈의 지출에 대해서도 자기 목소리를 낼 가능성이 높아지고, 중앙 사무처는 그들의 의견에 더 많은 주의를 기울일 것이다. (반면 회원들이 중앙 사무처에 회비만 내고, 특히 이 회비 납부가 어떤 식으로든 일상적인 일이 되어 버리면 그만큼 조직 내 민주주의가 강화될 가능성도 작아진다.) 기부자들이 개별적으로 돈을 내면 그것을 받는 기구의 영향력도 커진다. 이들은 강력한 스태프 집단이나 중앙 위원회를 건설하는 데 도움을 준다. 인과관계가 반대 방향으로 작동할 수도 있다. 강력한 중앙 위원회를 구성하고 싶은 사람들은 그와 같은 기구의 활동을 뒷받침할 수 있는 재정 지원자를 찾아야 한다.

　모금이 어떤 방식으로 이뤄지든, 돈의 지출은 정치적 논쟁의 주요 쟁점이 될 수밖에 없다. 새로 운동이나 정당을 시작할 때 다뤄야 하는 가장 핵심적인 문제는 각종 캠페인 활동에 참가하는 사람들에게 보수를 지급할 것인지 말 것인지에 대한 결정일 것이다. 무보수로 제공받는 시간과 에너지는 시민정치에 절대적으로 필요한 요소다. 무보수 활동이 없다면 운동이나 정당은 아무 일도 할 수 없으며, 그런 활동에만 의지하거나 생계가 어려운 활동가들에게는 최소한의 수당만 지급하며 사업을 진행해야 한다고 주장하는 사람들도 적지 않다. 이들은 이렇게 말한다. 사람들의 열정을 어떻게 돈으로 살 수 있단 말인가? 모든 시민의 의무라 할 수 있는 일을 하면서 어떻게 보수를 요구할 수 있는가? 그러나 운동을 계속하기 위해 지도부나 조직을 갖추려면, 무보수 혹은 최소한의 보수만 지급받는 활동가와 관련해 피할 수 없는 두 가지 문제가 있다.

첫째, 보수는 중앙 지도부와 활동가 사이의 연계를 구성하는 핵심적 매개체이다. 보수를 받는 사람은 지시도 받게 된다. 도덕적 신념이 자신과 운동을 잇는 유일한 연결 고리인 독립적 활동가에게는 아무리 많은 말을 해도, 협력과 순응을 보장받기 어렵다. 그런 활동가가 (운동의 대의가 아닌) 어떤 리더나 활동에 헌신할지는 누구도 확신할 수 없다. 그런 불확실성이 그 활동가에게는 강점이겠지만 운동에게는 약점이 될 수 있다. 중요한 시기에 중요한 지위에 있는 이들은 지시한 대로 따르는 사람들을 필요로 한다. 물론 도덕적 연대나 보수를 통한 연계 말고도 다른 연결 고리가 있다. (비공식 집단에서는 우정이, 고도로 조직화된 정당에서는 집단적 규율이 가장 중요할 것이다.) 그러나 대부분의 경우에는 일에 대한 보수를 약속하고 지급한다. 우리는 이런 보수가 갖는 효용을 간과해서는 안된다.

두 번째 문제는 활동가들의 계급 및 나이와 관련된 것이다. 보수 없이도 운동에 참여하는 이들은 대체로 젊고 부유한 사람들이다. 여기서 전형적인 활동가는 상층 계급 출신의 학생으로, 그는 마치 낭만적인 사랑에 빠졌을 때처럼 충분한 시간과 여유를 갖고 운동에 참여한다. 그는 매우 헌신적이고, 에너지는 차고 넘치며, 무엇보다도 시간의 속박이 없다. 그는 분명 해당 운동에 필요한 노동력의 많은 부분을 제공할 것이다. 하지만 이런 사람은 운동에 필요한 안정적 기반을 제공할 수 없다. 그는 어떤 특정한 공동체에 뿌리내린 사람이 아니다. 학교를 졸업한 성인들이 후원자나 지지자로서뿐만 아니라 활동가로서도 운동에 들어와야 한다. 그러기 위해서는 파트타임 참여가 가능하도록 활동 계획을 조정해야 한다. 또한 일부 활동가들에게는 보수를(때로는 꽤 많은 보수를) 지급해 그들이 (일시적이나마) 직장을 포기하고도 가족을 부양할 수 있도록 해줘야 한다. 운동은 일정 수준의 준전문가주의를 수용해야 한다. 왜냐하면 많은 사람들이 '아마추어'로 계속 남아 있는 상태에서는 운동이 성공하기 어렵기 때문이다. 다른 측면에서도 그들이 계속 아마추어로 있을 만한 여유가 없다는 점을 강조하고 싶다. 이들에게 보수를 지급하겠다는 태도는 운동이 이들의 활동에 가치를 부여한다는 징표다. 즉, 이들이 무보수로 활동할 수 있을 만큼 재정적으로 여유가 있더라도 보수를 지급하는 것은 그들의 활동이 운동에 꼭 필요하다는 사실을 인정하는 의사표시다. 활동가들은 그런 의사표시가 필요하지 않다고 생각할 수도 있다. 하지만 그들은 자신이 만들고 싶어 하는 [미래의] 사회에서 활동하고 있는 것이 아니다. 그들은 지금 여기 이 세상에서, 모든 사람이 나름의 욕구를 가지고 살아가는 가운데서 활동하고 있다.

물론 자금 문제를 해결하는 또 다른 방법도 있다. 그것은 전체 사회뿐만 아니라 운동에서도 일상적으로 나타나는 주부들에 대한 착취를 통해서다. 이에 대해서는 다음 장에서 살펴보자.

12 여성 문제

직업 정치의 세계는 남성들이 압도적으로 많다. 시민정치에서는 여성들이 그보다 훨씬 더 큰 역할을 한다. 정말이지 여러 시민정치 활동에 참여하는 성인들 가운데 절반 이상은 여성이다. '지역공동체에서' 운동을 시작하려 애쓰는 청년 활동가들은 직장 남성들에 비해 여성들과 더 쉽게 만날 수 있음을 알게 된다. 실제로 직장을 다니지 않고 가족을 돌보는 여성들은 교회, 학부모회, 간호 봉사 등에 나갈 수 있는 것처럼 정치에 참여할 시간적 여유를 갖고 있다. 정치가 그런 활동과 크게 다른 것도 아니다. 물론 더 중요한 때도 있긴 하지만 말이다. 이렇게 해서 여성들은 시민정치에 참여하게 되고 여기서 중요한 일들, 대개는 그들의 오랜 경험 덕분에 익숙해진 일들을 맡아서 처리한다. 하지만 그들이 리더로 부상하는 경우는 드물다. 핵심적인 결정이 이뤄질 때 그들의 경험과 참여가 중요하게 고려되는 경우 또한 드물기는 마찬가지다.

　　이런 현상이 시민정치의 특성과 관련된 것은 아니다. 새롭게 시작하는 정당이나 운동에서 여성들, 특히 중장년층 여성들이 종속적인 역할을 하는 것은 전체 사회에서 여성들이 처한 일반적인 상황을 보여 주는 또 하나의 사례일 뿐이다. 운동 내에서 여성들이 통상적으로 떠맡게 되는 활동들은 운동 밖에서도 흔히 값싼 노동으로 취급받는 일들이다. 아이를 키우는 여성이 가장 하기 쉬운 파트타임 활동 또한, 특별히 운동에서만 그런 게 아니라, 모든 곳에서 저평가되는 그런 것들이다. 게다가 여성은 운동 밖 사회에서와 마찬가지로 운동 내부에서도, 남성, 즉 모임·논쟁·협상·결정을 주도하는 남성들로 구성된 청년 활동가, 베테랑 운동가, 준전문가, 파트타임 리더들의 의견을 따라야 한다. 여성들이 시민정치에서 핵심 관리자로 활동할 때조차, 주요 활동에 대해 궁극적인 책임을 지는 이사회나 운영위원회에서는 배제되는 경우가 많다. 때로는 이런 배제를 두고 정치적 변명이 제시되기도 한다. 대개는 그런 상황에 처한 여성들이 저항하지 않기 때문이라는 것이다. 자신의 정치적 역할에 대한 확신이 없고 가족에게 소홀하게 될까 봐 걱정하며 자부심마저 잃어버릴 때, 그들은 운동 속에서도 평범한 일꾼으로 남게 된다.

이와 같은 차별과 배제에 맞서 여러 가지 반론을 제기할 수 있겠지만, 가장 중요한 반론은 여성들 자신에게 맡겨 두고 싶다. 다만 여성들의 종속적 지위가 시민정치에 가져온 한 가지 결과라 할 수 있는, 수많은 아마추어 운동들이 오래 가지 못하고 단명하는 문제만큼은 꼭 짚고 넘어가고 싶다. 이 문제의 원인은 적어도 어느 정도는 운동 내부의 권력이, 지역에 뿌리내리고 지역에서 책임 있는 역할을 하는 사람들(즉 수많은 여성들)로부터 멀어지고, 지역공동체에서 중요하지 않은 사람들에게 집중돼 있기 때문이다.

여기서 기성 정당이나 노동조합이 시민정치와 다른 차이에 주목할 필요가 있는데, 이들 조직은 기본적으로 성인 남성들로 구성돼 있으며, 그들만의 공동체에 근거를 두고, 여성 부조회 등의 도움을 받으며, 때로는 그 덕분에 강한 힘을 갖게 되기도 한다. 반면 시민정치는 이런 경우가 드문데, 많은 남성들이 다른 활동에 전념하기 때문이다. 이보다 더 중요한 점은, 시민정치는 이렇게 운영되어서는 안 된다는 것이다. 왜냐하면 그들의 핵심 주장 가운데 하나는 지금까지 체제 내에서 스스로 목소리를 내지 못한 수동적인 사람들을 동원하겠다는 것이기 때문이다. 여성들은 바로 그런 집단들 가운데 하나이며, 여성들의 지위 하락은 운동에 특별한 손실을 가져온다. 여성들이 리더의 자리에 오르지 못하고 의사 결정 과정에 충분히 참여하지 못할 때, 새로운 정당이나 운동은 사회에 뿌리내리지 못한 채 주변부 남성들의 이데올로기적 도구나 장난감이 되는 경우가 많다.

13 회의

콘크리트 벽에 구식 장판이 깔린 교회 지하 강당, 불편해 보이는 철제 의자들, 100여 명에 이르는 다양한 연령대의 사람들. 시민정치에서 볼 수 있는 회의 모습이다. 회의에 참석한 이들은 지부의 리더나 대표일 수도 있고, 평범한 회원일 수도 있다. 그들은 정책을 결정하기 위해 모여 있고, 그 앞의 회의에도 참석했을 것이다. 전형적인 상황을 말하자면, 이들은 전에도 회의를 너무 자주 했고, 지금 하고 있는 회의도 너무 오래 진행되고 있으며, 너무 많은 사람들이 발언하고 있다. 의장은 당황해서 어쩔 줄 모르고, 나이 많은 사람들은 집에 가야겠다며 자리를 떠나기 시작한다. 무엇인가 분명한 결정이 내려진 것도 아니어서 다음 주 화요일에 회의를 다시 열기로 한다.

시민정치는 참여자 누구나 평등하게 자기 의견을 말할 수 있도록 하는 표출 민주주의 성향을 갖고 있다. 한 달혹은 일주일 전까지만 해도 **말이 없던** 사람들에게 이것은 무척이나 신나는 일이다. 하지만 얼마 지나지 않아 그런 활동에 지치고 싫증나는 시기가 찾아온다. 시민 활동가들의 정치 회합은 종종 초기 개신교도들이 '신앙 간증회'라고 불렸던 것으로 변하기도 하는데, 여기서 활동가들은 돌아가며 자신들이 운동에 참여한 동기를 고백한다. 거의 모두가 발언 기회를 얻고 싶어 하며, 당면 이슈와 관련이 있거나 그럴 수 있는 이야깃거리들을 갖고 있다. 고백의 시간이 끝나면 베테랑 운동가 서너 명이 여기에 이데올로기적 설명을 더하는데 그들은 서로에게 매우 적대적인 태도를 보이며 항상 동일한 발언 시간을 요구한다. 당면한 이슈를 두고 재미있고 교육적이며 흥미진진하기까지 한 많은 이야기들이 오가지만, 왠지 모르게 분명한 결정이 내려지지는 않는다. 그다음 화요일 회의에는 더적은 사람들이 참여하는데, 특히 나이 많은 사람들, 가정이 있는 사람들, 어머니들, 직장인들의 참여가 줄어든다. 표출 민주주의는 독재적 의사 결정과 완벽하게 같이 갈 수 있다. 실제로 독재자들은 이런 종류의 회의에서 손쉽게 기득 이익을 지킬 수 있다.

회의에서 중요한 결정을 내리고자 한다면 몇 가지 간단한 규칙을 따라야 한다. 물론 그런 규칙을 따르는 것이 그렇게 간단하지 않을 수도 있다. 어떻게 해야 결정을 가장 잘 내릴 수 있는가의 문제는 어떤 결정을 가장 잘 내릴 수 있는가라는 문제와 긴밀하게 연결될 수밖에 없다. 그럼에도 나는 회의에 참석한 사람들을 힘들고 지치게 만들어 결국 소수의 동조자들끼리 결정을 내리는 것보다, 비교적 많은 사람들이 참여해 최선의 결정을 얻고자 노력하는 편이 대체로 더 낫다고 생각한다. 선택할 수 있다면 작은 거실보다 큰 교회 지하 강당이 더 좋다. 그러나 가장 먼저 두 가지 규칙을 지킬 필요가 있다. 첫째, 회의를 너무 자주해서는 안 된다. 둘째, 회의는 관리할 수 있어야 한다.

의장은 자신에게 요구되는 일들을 책임질 만한 역량을 갖춘 사람이 맡아야 한다. 회의와 관계없는 발언은 차단하고, 주요 안건들을 논의하도록 유도하며, 사람들이 빠져나가기 전에 투표가 이뤄지도록 해야 한다. 운동 내 소집단들이 틈틈이 모임을 가져야만 회의를 너무 자주하지 않을 수 있다. 그러기 위해서는 의장이 구성한 위원회들 그리고 비슷한 생각을 가진 활동가들로 구성된 의견 그룹들이, 자신이 다루고 싶은 제안과 옹호하려는 입장을 갖고 회의에 참석해야 한다. 의장은 그들의 제안과 입장이 무엇인지, 누가 발언할 것인지를 미리 알아 두고 일정한 순서에 따라 발언자들을 호명할 수 있어야 한다. 회의 전에 주요 참석자들과 소통하지 못하면, 의장은 회의를 효과적으로 주재할 수 없을 것이다. 의장이 예상하지 못한 일이 일어나서는 안 된다. 물론 이 말은 회의가 늘 의장이 의도한 대로 진행될 수 있어야 한다는 뜻은 아니다.

회의 운영과 회의 조종을 혼동하는 경우가 적지 않다. 이렇게 혼동하는 사람들을 두고 어리석다고 말할 수는 없다. 회의 조종은 단순히 회의를 잘 운영하는 것을 넘어 어떤 목적을 달성하기 위해 회의를 진행하는 것을 의미한다. 의장들이 그런 목적을 염두에 두는 경우가 종종 발생하는데, 이를 방지하기 위해서는 그들이 일정한 규칙을 따르도록 주의를 줄 필요가 있다. 의회 운영 규칙 같은 것이 가장 큰 도움이 될 것이다. 물론 의장이나 다른 사람이 할 수 있는 것에 일정한 제한을 부과할 수만 있다면, 다른 규칙도 괜찮다.

신참 활동가들 중에는 동료들이나 동지들 사이에는 그런 규칙이 필요 없다고 주장하는 이들도 있다. 그러나 규칙 없는 회의도 좋다는 생각은 절망적일 만큼 크게 잘못된 것이다. 그런 생각은, 회의 참여자들의 '마음'만 충분히 따듯하다면 통제나 제한 없이 자유로운 토론으로도 합의에 도달할 수 있다는 믿음에 근거하고 있다. 하지만 일반적으로 회의에 참석한 사람들의 마음은 그렇게 훈훈하지 않으며, 어떤 경우든 대부분의 사람들은 끝없는 대화에 끝까지 참여하지 않을 것이다. 회의가 규칙에 따라

진행되지 않을 때, 누군가 회의를 원하는 방향으로 끌고 가려는 시도는 더욱 많아지며, 이렇듯 회의가 조종되고 있다는 사실을 알아차리기도 어렵다. 공식적인 절차 없이 토론이 이뤄질 때, 소수의 사람들은 마음껏 회의를 조종할 수 있다. 회의 절차가 질서정연하면, 책임 있는 주체들, 즉 의장 자신을 포함해 안건을 발의하는 사람들이 누구인지 쉽게 확인할 수 있다. 즉, 회의는 참석자들이 눈치 채기 힘든 뒤쪽에서 운영될 경우 조종이 가능하지만, 모두가 지켜보는 앞쪽에서 이뤄지면 잘 (그리고 정직하게) 진행될 수 있다.

회의를 조종하는 데 18가지 방법이 있고, 자신들의 제안을 모든 사람이 (진정으로) 원하는 것처럼 보이도록 조종하려고 애쓰는 집단이 18개가 넘는다고 해보자. 이런 경우에는 아무런 문제가 없다. 어느 집단도 자신이 원하는 대로 회의를 끌고 가지 못할 테니 말이다. 시민정치의 문제 가운데 하나는, 대부분의 신참 활동가들이 자신이 회의에서 얻고자 하는 바가 무엇인지 미리 생각하지도 않은 채 회의에 참석한다는 것이다. 이럴 경우, 그들은 자신이 원하는 것을 정확히 알고 있는 사람들, 이를테면 전문가, 급진주의자, 정파의 수장, 위원회 임원들의 손에 놀아나고 만다. 이 문제는 시행착오를 거치면서 가능한 한 회의를 개방하고 절차를 투명하게 만들어야만 해결할 수 있다.

회의는 파트타임 활동가들이 참석하는 데 크게 부담을 갖지 않을 만한 장소에서 열려야 한다. 가족이나 직장을 가진 사람들이 회의가 끝나기도 전에 자리를 떠야 할 만큼 오래 해서도 안 된다. 규칙은 분명하고 비교적 단순하며 많은 사람들이 알고 있어야 한다. 회의 참가자들의 편의를 위해 소집단 모임에서 많은 일을 사전에 처리해 둬야 한다는 점도 잊지 말아야 한다. 이런 일들은 언뜻 쉬워 보이지만, 충분한 시간을 두고 토론하자고 요구하는 활동가들 때문에 애를 먹는 경우가 많다. 이럴 때 특히 주의해야 할 위험한 사람은, 운동을 하려면 모든 것을 바쳐야 한다고 (혹은 그럴 수 있다고) 생각하면서 끝없이 계속

되는 회의 속에서 열정적으로 자기주장을 집요하게 펼치는 방식으로 자신의 헌신을 드러내는 이들이다.

회의의 가장 중요한 목적은 최대한 많은 사람을 의사 결정 과정에 참여시키는 것이다. 그렇다면 간판 집단에게는 회의 같은 것이 필요 없을 수도 있다. 그들에게 필요한 것은 집회뿐이며, 집회는 이념적 성장, 도덕적 카타르시스, 열정과 연대의 고양 같이 매우 다른 목적에 기여할 것이다. 좋은 회의도 이런 목적에 기여할 수 있다. 그러나 회의는 또 다른 두 가지 과제를 처리해야 한다. 하나는 권한을 나누는 것이고, 다른 하나는 책임을 부과하는 것이다. 이 두 과제를 모두 성공적으로 처리하지 못한다면 운동은 리더나 스태프들의 소유물로 전락하고 만다.

14　사무국 스태프

활동가들이 일하는 사무실이라 해서 다른 사무실과 특별히 다른 것은 없다. 다만 그곳에도 일정 정도의 정치권력이 존재할 수밖에 없으며, 그 권력이 정확히 어디에 소재하는가에 대해서는 주의를 기울일 필요가 있다. 사무국 스태프들은 대체로 파트타임으로 일하면서, 운동에 참가했다 그만두기를 반복하며 운동과 관련된 통상적인 일들을 처리한다. 이런 사람들이 운동 내에서 상당한 영향력을 행사하기란 쉽지 않다. 반드시 그래야 하는 것이 아니라면, 사무국 스태프들은 영향력을 행사하려 하지도 않을 것이다. 수많은 전업 활동가들은 전체 대표자 회의와 중앙 지도부의 지시에 따라 느슨하게든 엄밀하게든 일상적인 사안들을 결정하고 처리한다. 아마도 리더가 없을 때는 대충대충 일하다가도, 리더가 사무실로 돌아오면 지시에 따라 꼼꼼하게 일할 것이다.

　회의는 주재하지만 사무국에서 존재감이 없는 리더는 리더로서의 역할을 효과적으로 수행하기 어렵다. 이럴 때 발생할 수 있는 위험은 특정 사람들이 사무국을 '포획'하는 것이다. 여기서 특정 사람들이란 전체 대표자 회의의 신임을 받고 있지 않으면서도, 리더들이 자신도 모르게 그들의 간판 노릇을 해서 그런 신임이 필요하지 않은 사람들을 말한다. 이런 현상은 특히 파트타임 활동가와 파트타임 리더로 이뤄진 운동에서 나타날 가능성이 높다. 간판 집단은 모두가 파트타임으로 일하는 활동에 적합한 조직 형태지만, 이것이 늘 적합하다고 말할 수는 없다. 그리고 (구성원들을 대표하는) 리더는 자신이 원할 경우 언제든 사무국을 통제할 수 있어야 한다.

　스태프들의 권한을, 운동 조직을 민주적으로 운영하는 데 필요한 요소로 이해하는 경우도 있다. 즉, 운동에 참여한 사람들이 조직 운영 전반에 대한 민주적 결정권을 효과적으로 행사하기 위해 사무국 활동가들에게 일정한 권한을 부여해야 한다는 것이다. 그러나 사무국 스태프들은 운동을 **위해** 일하며, 그것에 책임지는 사람들이다. 그들은 다른 일반 회원들과 마찬가지로, 아니 아마도 좀 더 자주 모임에 참여할 것이다. 그리고 신뢰와 선의로 충만한 분위기 속에서 자신의 지위와 지식 덕분에, 덜 활동적인 회원들에 비해 좀 더 큰 영향력을 가질 것이다. 그럼에도 불구하고, 이런 근무시간 외 일들에 대해 그들이 요구할 수 있는 보상은 기껏해야 추가 근무시간에 대한 보수밖에 없다.

마지막으로 강조할 것은 기본적인 기록 자료들, 예를 들어 주소 목록, 회계 보고서, 우편물 등을 사무실에 잘 보관해 둬야 한다는 점이다. 오랫동안 운동을 계속하고 싶다면, 혹은 일시적인 침체를 겪은 후 재개하고자 한다면, 이는 대단히 중요하고 필요한 일이다. 누군가는 기록 자료들을 관리해야 하고, 활동가들은 가장 믿을 만한 사람들에게 이 일을 맡겨야 한다.

15 운동 속 인간관계

사랑을 찾아 운동에 참여하는 것은 잘못이다. 친밀함은 반드시 필요한 것도 아닐뿐더러 정치 활동에서 흔히 나타나는 특징도 아니다. 집단 활동을 통해 고조된 감정은 특히나 비개인적이다. 이런 감정은 매우 많은 사람들과의 관계 속에서 형성되므로 집단 활동을 통해 어떤 특정한 사람과 긴밀한 관계를 맺기는 어렵다. 운동의 단결을 빚어내는 열정은 사랑이 아니라 사회적 애정amour social, 동지애, 연대감 같은 것이다. 이런 열정도 이따금씩만 강렬하고 생생하다. 운동의 규모, 참가자들의 활동 범위, 전략과 전술에 대한 이견, 리더의 자리를 둘러싼 경쟁, 단결의 필요 등이, 특정인에 대한 강렬한 감정의 표출을 억제하는 경우가 훨씬 더 많다. (추상적 이념을 향한 강렬한 감정의 표출이 그보다 더 보편적으로 나타난다.) 정치적 결사는 거리를 유지하는 기술이다. 사람들 간의 거리가 너무 가까우면 위험하고 집중을 방해하며, 너무 멀면 통제력과 영향력을 잃게 된다.

물론 운동 안에서도 인간적 유대가 존재한다. 그리고 때로는 그런 관계가 대의에 대한 활동가들의 보편적 헌신과 어느 정도 긴장을 야기하며, 일종의 하위 정치를 만들어 내기도 한다. 여기서 특별히 주목하려는 것은 패거리 집단과 측근 집단을 중심으로 하는 하위 정치이다. 패거리 집단은 이념 없는 파벌이자, 운동 자체보다 서로의 일에 더 깊이 관여하며 다른 누구보다 서로를 믿는 친구들의 무리다. 그들은 (그럴 의도가 없을 때조차) 운동을 분열시키는 세력이 될 수 있다. 이유는 간단하다. 그들로 말미암아 다른 모든 사람이 인간관계에 민감하게 반응하게 되며 마음의 상처를 받기 때문이다.

활동가들이 가져야 할 이상적 태도는, (자신들에게 날아올지도 모를) 비방과 모욕에 대해서는 담담하게 받아들이고, 정치적 이견의 미묘한 차이에 대해서는 민감하게 대응하는 것이다. 현실에서는 이 두 가지가 어느 정도 균형을 이루며 섞여 있다. 패거리 집단이 위험한 이유는, 그들이 공적 논쟁과 사적 음모 간의 균형을 후자 쪽으로 옮겨 놓기 때문이다. 이것은 리더십이 한 무리의 친구들로 구성될 때 특히 더 위험하다. 왜냐하면 그런 상황에서는 자신이 리더십에서 배제된 이유가 정치적인 것이라고 받아들이면 기분 나빠하지 않을 많은 활동가들조차, 인간적인 이유로 배제되었다고 생각하며 분노할 것이 틀림없기 때문이다. 현명한 리더는 친구가 아닌 사람, 심지어 좋아하지 않는 사람들과도 어울리고자 하는 사람이다.

측근 집단은 리더를 섬기는 (그리고 많은 경우 리더로 하여금 적극적인 추종자가 아닌 사람들과 어울리지 못하게 막는) 사람들의 무리다. 측근 집단의 구성원들은 리더에게는 충성하지만 서로에 대해서는 전혀 그렇지 않다. 리더에 대한 충성은 가장 심오하고 결연한 정치적 감정들 가운데 하나다. 하지만 시민정치에서는 리더가 자신을 따르는 사람들과의 관계에서 그렇게 대단한 지위에 있지 않기 때문에 리더에게 충성을 바치는 일은 비교적, 아니 매우 드물다. 물론 때로는 정부 당국과 싸우거나 재판을 받거나 감옥을 갔다 온 사람들이 특별한 종류의 지지를 받기도 한다. 그러나 재판을 받고 감옥을 다녀온 사람들이 많다면, 그런 지지가 특별히 믿을 만한 것도 아니다.

측근 집단이 나타나는 대표적인 경우는, 외부에서 강력한 영향력을 가진 누군가가 자신의 추종자들과 함께 운동에 합류할 때이다. 이런 상황이 문제를 야기하는 이유는 두 가지다. 첫째, 운동 내부에 자리 잡은 친밀함과 동지애에 파열을 가져오기 때문이다. 둘째, 정치 세계에서 권력과 개인적 특성이 만들어 내는 결과를 냉정하게 평가하지 못하도록 방해하기 때문이다. 특히 리더와 측근 집단이 전면에 나설 때, 이런 상황이 발생할 가능성은 시민 활동가들이 흔히 생각하는 것보다 훨씬 더 크다. 다시 한 번 말하지만, 운동 속에서는 거리를 유지하는 것이 중요하다. 위대한 인물들은 운동이라는 무대에서 보여 줄 중요한 역할이 있다. 하지만 그 대본을 자신이 좋아하는 사람들에게 쓰도록 맡겨 두는 것은 좋은 생각이 아니다.

정치의 세계에 사랑이 드물고 증오가 빈번하다면, 그런 상황에 익숙해질 필요가 있다. 신참 활동가들이 깨닫게 되는 가장 곤혹스런 사실 가운데 하나는, 정치에 참여한 사람은 늘 다른 사람들과 적대적인 관계를 갖게 된다는 것이다. 그런 관계를 즐기는 사람도 있겠지만, 대부분의 활동가들은 그렇지 않다. 그럼에도 처음으로 정치적 반대편의 분노와 적대를 경험한 활동가들에게 운동이 해줄 수 있는 것은 작은 지지 정도밖에 없다. 정치적 이견의 뿌리가 왜 그렇게 깊은지, 사회경제적 이해관계가 왜 그렇게 근본적으로 상반될 수밖에 없는지에 대한 설명을, 운동의 리더와 대변인들로부터 들을 수도 있을 것이다. 동료 활동가들도 자신이 알고 있는 것을 이야기해 주고, 당신과 함께하겠다는 연대의 뜻을 전하기도 한다. 그러나 그들에게 너무 많은 것을 기대해서는 안 된다. 결국 활동가들은 자기 힘으로 다른 사람들의 증오에 대처해야 한다. 연대는 정치적 관계이며, 정치적 압력에 종속될 수밖에 없다. 그것은 전략과 전술에 관한 최초의 진지한 논쟁을 버텨 내지 못할 수도 있다. 운동 그 자체는 갈등과 적대의 영역이다. 운동에 대한 헌신과 동지애는 대부분의 경우 일상적인 이견을 완화해 준다. 그러나 종종 그러지 못할 때가 있고, 그러면 내부 논쟁과 권력 투쟁이 심화되고 격렬해질 수 있다. 아마도 단결과 헌신을 꿈꿨던 이들 사이에서 특히 더 그럴 것이다.

16 바보짓과 경험 부족

전체 인구에서보다 운동에 참여한 사람들 중에서 바보들의 비율이 더 높을지도 모른다. 보통 사람들 눈에는 확실히 그렇게 보일 것이다. 주변부에서 이뤄지는 정치는 일상 세계에서 불안·분노·수치·불행·공포를 느끼는 주변부 사람들을 끌어들인다. 그들은 자신이 상식이라고 생각한 것이 왜곡되는(그것도 매우 심각한 정도로) 일을 겪었을 것이다. 말하자면, 그들은 어리석은 사람 취급을 받았다고 할 수도 있겠다. 운동은 그들을 해방시키거나 그럴 수 있으리라 믿게 해준다. 그렇게 해서 운동은 그들이 억압되었던 불만을 표출하고, 남몰래 준비했던 대책을 순진하면서도 터무니없는 방식으로 드러내도록 한다. 그들은 일반적인 관행에서 벗어나 자유롭게 옷을 입고 이야기하며 생활한다. 미래에 우리 모두가 이런 모습으로 생활하게 될지도 모르지만, 어쨌든 지금으로서는 현재에 대한 적대감을 표출하는 방식인 것만큼은 분명하다. 이렇게 해서 중구난방으로 터져 나오는 분노가 전염병처럼 운동 속에 퍼지게 된다. 하지만 억눌렸던 감정적 에너지의 과잉 분출은, 자유롭게 부유할 때나 이 세상 죄악들을 설명하는 단 하나의 이론에 묶여 있을 때나 위험하기는 매한가지다. 이 모두를 쉽게 치유할 수 있는 방법은 없다. 견고한 조직과 수많은 노고가, 대다수 정치체제들이 억압하거나 이용만 하는 잠재적 과잉 흥분을 규율 잡힌 분노로 전환하는 데 어느 정도 기여할 수 있을 것이다. 그러나 활동가들은 그런 전환이 일어나기 전까지, 비록 달갑지 않더라도 끈기 있게, 운동에 참여한 사람들의 이런저런 어리석은 행동도 참고 견뎌야만 한다. 그들은 모두 상식적인 정치로 통하는 것들에 반기를 든 사람들이다. 그리고 이따금씩 상식을 벗어난 것처럼 보이는 모습 없이, 그런 반란을 계속하기도 쉽지 않다. (활동가들도 그것을 깨닫게 될 것이다.)

운동에서 경험 부족을 문제라고 말하기는 어렵다. 정치는 전문가들이 생색내는 것만큼 특별한 기술을 배워야만 할 수 있는 일이 아니기 때문이다. 물론 전문가들의 조언이 큰 도움을 줄 때도 있다. 하지만 전문가들도 엄청난 잘못을 저지르며, 언제 어디서 그런 잘못을 범할지 미리 알기도 어렵다. 신참 활동가들은 자신이 때로 남들이 부러워하는 상황에 있다는 사실을 알게 되는데, 그 상황이라는 게 무엇을 의미하는지는 다음과 같은 말을 들으면 쉽게 이해할 수 있다. "지금까지 사람들이 했던 것보다 더 못하기는 어려울 거야." 혹은 "못할 때도 있고 잘할 때도 있는 법이지." 때로는 아마추어들이 자기 몫 이상의 역할을 보여 주는 경우도 많다. 왜냐하면 아마추어는 새로운 전술을 시도하고, 더 큰 위험을 감수하며, 열정적으로 일하고, 긴박감과 흥분으로 가득 찬 마음을 사람들에게 전하며, 순진함이라는 어마어마하면서도 오래가는 호소력을 발휘하기 때문이다. 이 가운데 마지막 부분이 가장 흥미롭다. 경험 부족은 순진함 가운데서도 가장 드러나기 쉬운 것이라 말할 수 있는데, 그것은 순수함이라기보다는 투박함의 매력을 갖고 있다. 그러나 투박하게 행동하는 데도 방법이 있으며, 투박함은 도덕적 감정을 표출하고 전달하는 중요한 매개체이다.

활동가들이 지나치게 분노하지 않고 겉모습이 과히 이상하지 않는 한 투박함과 올바름의 결합은 강력한 정치적 힘을 발휘한다. 보통 사람들에게는 도덕적인 이들의 경험 부족과 경험이 부족한 이들의 도덕성을 좋아하는 강한 믿음이 자리 잡고 있다. 이것은 반정치적(반전문가적) 운동이 가진 비결이자 가장 성공적인 정치의 비결이기도 하다.

경험 부족으로 인한 어려움이 가장 두드러지게 나타나는 순간은, 신참 활동가들이 처음으로 좌절을 경험할 때, 혹은 자신이 해야 하는 많은 일들이 평범할 뿐만 아니라 일반적인 정치활동과 크게 다르지 않다는 사실을 처음으로 깨달을 때이다. 처음 운동을 시작할 때 즐거움을 느꼈다 해도 계속해서 참여하는 것은 쉬운 일이 아니다. 게

다가 동료 활동가들이 처음 운동을 통해 접했던 그 극적인 경험을 지속시키기 위해 분투하고 있다면 더더욱 어려울 것이다. 적어도 한동안은 서로에게 그리고 외부인들에게 열광적으로 자신의 이야기를 전하며 처음 느꼈던 그 기분을 이어 갈 수도 있다. 하지만 그렇게 되면 운동은 비교적 단기간 동안 활동할 때조차 구성원들이 감당할 수 없는 긴장과 열기를 띠게 된다.

신참 활동가들은 서로가 가진 환상 속에서 열심히 자기 역할을 다하며, 자신들이 대의를 위한 중요한 전투에 참여하고 있다고 생각한다. 하지만 실제 현실 속의 전투는 그들에게 충격으로 다가온다. 지루하게 계속되는 활동, 운동에 필요한 규율, 이러저러한 좌절과 실망, 대다수 사람들의 무관심이나 적대, 오늘 한 일을 내일 또 하라는 요청, 이 모두가 정치활동에 입문하는 단계에서 겪게 되는 경험들이다. 운동에 참여한 상당수 시민들이 이런 경험을 이겨 내야만 운동이 제대로 자리 잡을 수 있다. 그러지 못하면 자신이 옹호하는 대의와 관련이 있을 수도 있고 없을 수도 있는 모험을 위해 이제 막 함께 모인, 불만에 찬 사람들의 무리만 남을 뿐이다.

경험이 부족한 활동가들은 사소한 전술적 실수들을 끊임없이 저지른다. 어쨌든 그들은 시민정치를 여타 활동과 다르지 않다고 생각한다. 사람들은 실수를 통해 배우며 실수를 만회할 수도 있고, 그러지 못할 수도 있다. 신참 활동가들이 저지르는 진짜 실수는 거친 모습을 띨 가능성이 높은데, 그것은 갑작스런 탈퇴, 사나운 언사, 개인적인 방종, 위험한 모험 같은, 용기와 인내의 결핍이 낳는 실수이다. 운동은 자신이 반대하는 기존 사회의 어떤 특징에 맞서 온 힘을 다해 싸우는 것만큼이나, 이런 실수에 대해서도 맞서 싸워야 한다. 리더는 실수를 저지르는 바로 이런 사람들이, 자기 사람이자 운동을 성공으로 이끄는 유일한 희망임을 결코 잊어서는 안 된다. 현재의 활동가 집단을 해체하고 다른 사람들을 찾기란 불가능하기 때문이다.

17 진실 말하기

대화나 토론은 가장 보편적인 정치활동 방식이다. 사람들은 종종 '무엇인가를 하고자' 새로운 정당이나 운동에 참여했지만 이야기하는 데 많은 시간을 쓰고 있는 자신의 모습에 실망하거나 혼란스러워한다. 하지만 무엇을 할지 결정하려면 이야기를 나눠야 하고, 무엇을 결정하든 반드시 사람들과 대화하고 토론해야 한다. 말**뿐**이고 글**뿐**이라며 불만을 토로하는 사람들이 적지 않음에도 불구하고, 그런 말과 글은 효과, 심지어 중요한 효과를 발휘한다. 회의에 참석해 본 사람이라면 누구나 뛰어난 연설이 사람들의 생각을 좌우한다는 데 이의를 제기하지 않을 것이다. 비록 말보다는 덜하겠지만, 뛰어난 글 또한 사람들의 생각을 좌우하기는 마찬가지다. 따라서 말하기와 글쓰기 기술은 매우 중요하다.

이 장에서 레토릭에 관한 전문 지식을 제시하기는 어려우므로 그 대신 '정치 연설과 진실성'이라는 주제에 주목하고자 한다. 이는 시대를 가로질러 끊임없이 논의되며, 특히 운동에서 중요하게 다뤄야 할 주제임에도, 정직하지만 열정이 과한 이들과 멍청한 마키아벨리주의자들 간의 논쟁으로 인해 너무 자주 이상한 방향으로 흘러가곤 했다. 이 주제를 잘 다루려면 다음 두 가지 핵심 질문에 답할 수 있어야 한다. 첫째, 정치적 주장은 얼마나 복잡(혹은 단순)해야 하는가? 둘째, 정치적 말하기와 글쓰기는 얼마나 솔직해야(혹은 유보적이어야) 하는가?

일단 특정 이슈에 대해 어떤 입장을 갖게 되면, 다른 모든 이슈에 대해서도 입장을 정하고 싶어지기 마련이다. 하나의 이슈는 다른 이슈로 이어지고, 모든 이슈는 서로 연결돼 있어 총체(론)적 이데올로기로 경도되기 쉽다. 즉, 지적 일관성·통일성·완벽성을 동경하게 되는 것이다. 정치 세계에 대한 총체적 관점은, 만약 그것이 급진적이고 새로운 것이라면, 꽤나 정교한 언어, 즉 그 자체의 지적·언어적 관례를 갖는 복잡한 전문용어들을 갖춰야 한다. 하지만 이런 관점은 종종 놀랄 만큼 단순명쾌하게 설명될 수 있는데, 그 이유는 바로 총체성이라는 특징 때문이다. 또한 이런 관점은 모임이나 행진, 시위에서 거친 구호(이런 구호를 큰 소리로 반복하는 것은 파당적 전투성, 믿지 않는 세상을 향한 적대감의 표현이다)를 통해 정치적으로 표출될 수 있다.

관점이 달라서 이런 구호를 외면하는 사람들도 있겠지만, 이들에게도 자신들만의 구호가 있다. 직업정치인들도 반복적으로 외치는 구호의 가치를 충분히 잘 알고 있다. 다만 전투적 급진주의자들보다 좀 더 조용히 활동할 여유가 있을 뿐이다. 정치인들의 구호나 표어 또한 새로 만들어 낸 것은 아니어도 총체적 관점을 담고 있기는 마찬가지이며, 가장 야심찬 정파의 이데올로그가 만든 것만큼이나 여러 이슈를 포괄한다. 새로운 전문용어도 필요 없고, 평범한 연설에서 무의식적이고 자연스럽게 전달되는 이런 통념적인 이데올로기는 엄청나게 많은 사람들에게 믿음을 주거나 적어도 받아들여진다.

시민 활동가들이 통념적 견해와 단절할 때 그 이유는 대체로 단순한 것이거나 단순한 것이라고 스스로 생각한다. 그러나 정치적 논쟁에 참여하면서 자신이 쉽게 단절해 버린 통념이 다른 통념들과 (어느 정도) 결부돼 있다는 사실을 깨닫게 된다. 이들은 더 많은 생각과 고민에 빠진다. 바로 이때 많은 활동가들은 새로운 이데올로기를 가진 누군가가 접근할 수 있는 상태가 된다. 전투적 급진주의자들의 사냥감이 되는 것이다. 그러나 새로 운동을 시작한 사람들의 불안정한 입장에 주목해야 하는 훨씬 더 중요한 이유가 있다. 권력을 가진 어떤 정치인이 격려의 말 몇 마디만 건네도 그들은 빠르게 이전의 통념과 관행으로 돌아갈 수 있기 때문이다. 따라서 말하기와 글쓰기를 잘하는 활동가들이 (기존의 통념에서 벗어난) 자신의 새로운 입장을 다른 사람들에게 설명하는 일은 정말 중요하다.

그들은 많은 것을 설명해야 한다. 우선 자신이 운동이라는 불확실성의 세계로 뛰어든 이유를 말할 필요가 있다. 그것도 한 가지가 아니라 여러 이유를 함께 이야기하는 것이 좋다. 왜냐하면 설명을 듣는 사람들은 삶의 배경이 서로 다른 매우 다양한 사람들일 테니 말이다. 어떤 이론적 계보나 구호를 갖고 말해서는 안 된다. 일상에서든 급진적 의사표시에서든, 시민정치는 성격상 총체적 이데올로기의 반대편에 있다는 사실, 여기에 중요한 의미가 있다고 나는 생각한다. 운동에 참여한 이들은 기존 정치로부터 벗어나 있지만 어떤 단일한 대안을 따르는 집단도 아니다. 그들이 단결된 것처럼 보이더라도 이는 부분적이며 대개는 일시적인 모습이므로 운동을 대변하는 사람들은 마치 모든 참여자가 언제나 단결돼 있는 것처럼 말해서는 안 된다. 자신의 주장이 어떤 복잡한 전체와 연결돼 있다고 말하지 않으면서도 의견을 제시할 수 있어야 한다. 연설할 때는 지적 탁월함이나 그에 필요한 말재주가 아닌 소박한 말하기, 즉 단순한 언어, 조용한 어조, 차분한 분위기, 느린 속도가 좋다. 이런 태도는 듣는 사람들의 용기를 북돋우며 분노와도 얼마든지 양립할 수 있다는 점을 덧붙이고 싶다. 지나치게 흥분하는 연설은 최악이다. 이런 방식은 어떤 측면에서 보면 정치적 위기에 대한 가장 진솔한 반응일 수 있지만, 중립적 입장을 가진 청중에게는 불안과 공포만 불러일으킬 뿐이다.

활동가들이 가진 큰 장점은 일반 시민들과 같은 언어로 말한다는 것이다. 그들은 계속 보통 사람들의 언어로 말해야 하는데, 예를 들면 함께 운동에 참여한 이들을 낯선 이데올로기적 용어들 속으로 끌어들이는 것이 아니라 통상적 구호들을 새로운 방식으로 정교하게 구성하면서도 보통 사람들의 말로 표현해야 한다. 한 번에 하나의 통념에만 도전하고, 여러 통념들과 맞서 싸워야 하는 경우에도 주어진 기간에는 가능한 한 그 수를 줄여야 한다. 무엇보다 목표들에 우선순위를 부여하고 그것을 따라야 한다. 사람들이 전쟁에 반대하도록 설득하고 싶다면, 성性이나 마약 또는 사람들의 주목을 끌 만한 인기 있고 흥미진진한 다른 이슈들에 관해 급진적 주장을 펼쳐서는 안된다.

물론 이런 활동 방식이 많은 시민 활동가들, 특히 선명한 입장을 가진 활동가들에게는 정직하지 않은 것처럼 보일 수 있다. 아마도 그들은 자신의 모든 정치적 신념을 재고하기 시작할 것이다. 즉, 운동이라는 이 특별한 활동이 정치체제 전반에 영향을 미친다는 사실을 그들은 잘 알고 있거나 자신이 잘 알고 있다고 생각한다. 그리고 이런 행동은 좀 더 진전된 행동으로 이어질 것이며, 그렇게 되어야 한다고 생각할 것이다. 일단 기존의 온건한 운동 방식과 관계를 끊고 행동에 나서기 시작하면, 이전에 생각했던 것보다 더 큰, 체제 전반의 위기를 감지하게 된다. 이제 그들은 이런저런 급진적 이데올로기에 이끌린다. 그리고 자신의 입장이 어떻게 달라졌는지 최대한 진정성을 갖고 모두에게 말하고 싶어진다. 운동 내에서, 핵심 활동가들 사이에서 그러고 싶다면 그렇게 해도 좋다. 비록 미래에 대한 그들의 예측은, 다른 모든 사람의 예측이 그렇듯 대부분 틀린 것으로 판명 날 가능성이 매우 높지만 말이다.

그러나 이런 종류의 이야기를 공적 주장으로 내놓는 것은 잘못이다. 많은 시민들이 자신에게 익숙한 기존 관행을 넘어 운동을 향해 첫걸음을 내딛는 것은 (실제로 그들 대부분이 내딛는) 두 번째 발걸음에 대한 선택을 자신이 할 수 있다고 생각하기 때문이다. 따라서 운동의 밑거름이 되는 불만은 분명하고 정확하게 규정해야 하며, 행동은 구체적인 내용으로, 너무 많지 않게 항목을 정리해서 제안할 필요가 있다. 사회적 위기에 대한 개인적 설명이나 기성 체제의 붕괴가 임박했다는 등의 막연한 이야기는 그것이 아무리 정직한 것이라 해도 별 도움이 되지 못한다. 때때로 **이** 이슈와 다른 이슈 간의 연관 관계를 말하는 것이 유의미할 수도 있겠지만 대부분은 그렇지 않다. 복잡한 열망들과 저 멀리 있는 목표에 대해 간단하게 설명하는 것이 때로는 도움이 될 수도 있지만, 이는 가까이 있는 승리를 이야기하기 위해서일 때만 그렇다. 이런 것들은 개인석 결정이 아니라 정치적 결정이며, 다른 무엇보다 특정 지지층이 무엇을 필요로 하는가에 대한 판단에 따라 이뤄져야 한다. 활동가들이 거짓말을 해야 한다는 게 아니다. 다만 그들도 가끔은 침묵해야 한다는 것이다. 특히 그들은 자신의 고백 성향을 자제할 필요가 있다. 정치활동은 재판 과정이 아니다. 활동가들은 진실을 말해야 하지만, 매 순간 모든 진실을 다 말할 필요는 없다.

18 상징

정치에서는 어떻게 말하는가뿐만 아니라 어떻게 보이는지도 중요하다. 때로는 시각적 효과가 결정적인 영향력을 발휘한다. 우리의 겉모습도 중요하다. 이 또한 사람들에게 의미를 전달한다. 따라서 활동가들은 늘 이렇게 자문해 볼 필요가 있다. 이런 제스처, 배지, 옷차림, 깃발이 **사람들에게** 어떤 의미로 받아들여질까? 물론 아무런 의미도 담지 않은, 그래서 1950년대 이래 평화운동을 상징하게 된 ⓐ처럼, 의미를 부여받아야 하는 상징을 선택할 수도 있다. 나는 이 평화운동의 상징이 그것을 처음 만든 사람들과 어떤 연관성을 갖고 있는지 잘 모른다. 아마 우리 대부분이 그럴 것이다. 연관성을 모르는 편이 더 나을 수도 있다. 모든 사람이 이 상징에 나름의 의미를 부여하고, 누구도 그것으로부터 소외되지 않기 때문이다.

꽉 쥔 주먹은 정확히 이와 반대되는 사례이다. 주먹은 강력한 역사적 연관성을 가지며, 어떤 경우든 즉각적이고 분명한 의미를 전달한다. 주먹은, 그런 제스처를 취하는 사람들이 종종 의도하기도 하지만, 많은 경우 의도하지 않은 공격성과 폭력성을 상징한다. 제스처는 레토릭과 비슷하다. 연사가 자기주장이 과장되도록 내버려두면 청중의 다수는 그의 말을 그대로 받아들이는 효과가 나타난다.

활동가들은 자기 앞에 있는 사람들이 눈으로 본 것을 그대로 받아들인다는 점을 고려하지 못하는 경우가 많다. 그들은 거리에서 활동할 때조차 마치 무대 위에 있는 것 같은 자유를 보장받았다고 생각한다. 그래서 일부 시민 활동가들은 무대에서 허용되는 것과 똑같은 무례함을 드러낸다. 하지만 무대 위의 무례함과 거리에서의 무례함은 매우 다른 효과를 발휘한다. 무대 위에서의 무례함은 충격이나 공포, 위험이나 극단성 같은 느낌을 (잠시 동안) 전달한다. 하지만 무례한 대사들은 말 그대로의 의미를 관객에게 전달하지 않는다. 반면 거리에서 정치적으로 대면할 때는 상황이 다르다. 활동가들이 모욕적이고 적대적인 언사를 내뱉으면, [무대 위에서 대사를 말할 때와 달리] 누구나 쉽게 예상할 수 있는 즉각적인 반응이 돌아올 것이다. 이와 마찬가지로, 정치적 항의의 상징으로 국기를 훼손하는 것도 보이는 그대로의 의미를 사람들에게 전달한다. 그것은 애국적 분노를 끌어내기 위한 것이겠지만, 개인적 분노보다 훨씬 더 나쁜 효과를 야기한다.

일반적으로 말해, 그 시대의 전위 문화를 상징으로 활용하는 것은 잘못된 선택이다. 그럴 경우 운동은 엘리트들만의 활동이나 난해한 의사소통으로 보일 가능성이 매우 높다. 같은 맥락에서, 활동가들이 보헤미안처럼 자유분방한 생활 방식을 모방하는 것도 잘못이다. 물론 그들의 목표가 보헤미안들을 조직하는 것이 아니라면 말이다. 그런 생활 방식은 운동 정치와 아무런 관계도 없고 쓸데없이 잘못된 인상을 사람들에게 심어 준다. 그것은 누구도 감당하기 어려운 곤란한 상황을 야기할 뿐이다. 이의를 제기하는 것은 그 자체만으로도 충분히 부담스러운 일이다. 상징은 그런 부담을 덜어 주고, 새로운 사람들을 끌어들이며, 승리를 (어렵게 만드는 것이 아니라) 더 쉽게 해줘야 한다. 이를테면 승리를 의미하는 브이v로도 충분하다.

19 언론

일상생활에서 운동이 자신의 모습을 보여 주는
일이 처음에는 큰 문제처럼 느껴지지 않는다.
집집마다 방문해 사람들에게 의견을 묻고, 문 앞이나 거
실에서 대화를 나눌 때 활동가들은 자신의 이미지를 그럭
저럭 관리할 수 있다. 호별 방문을 지휘하거나 시위를 조
직하는 중앙 단위 또한 그런 활동의 즉각적인 효과를 그
럭저럭 관리해 낼 수 있다. 그러나 기자나 카메라맨이 현
장에 나타나는 순간 이 모든 관리가 불가능해진다.

언론 매체들이 운동을 대하는 방식은 꽤나 변덕스러
워서 어떤 패턴을 찾아내거나 대응 전략을 마련하기가 매
우 어렵다. 이따금씩 언론은 뚜렷한 가시적 성과도 없이
투쟁만 계속 하는 특정 운동을 전국적으로 보도함으로써,
운동의 규모와 범위를 엄청나게 키워 준다. 이렇게 해서

많은 소규모 집단 활동가들의 꿈이라 할 만한, 운동이 갑자기 중요해지는 상황이 연출되기도 한다. 이보다 더 흔한 경우는, 언론 매체들이 시민운동을 대충 훑어보고는 그것이 갖는 의미에 대해 전문가들의 의견을 듣고 그대로 기사를 작성하는 것이다. 이런 까닭에 활동가들은 신문이나 방송 보도에 '일관된 이데올로기적 편향성'이 나타난다고 판단하며 자신들이 무시당하는 현실을 그 편향성 탓으로 돌린다. 나는 활동가들이 틀렸다고 생각한다. (늘 그런 것은 아니겠지만 말이다.) 뉴스 매체에 일관된 편향성이 있다면, 그것은 좌나 우, 중도가 아니라 새로움과 흥분에 대한 지향이다. 물론 오늘 새로운 것은 어제 뉴스가 무엇이었느냐에 따라 다르다. 그래서 운동이 하고 있는 어떤 활동이 널리 보도되고 나면, 그다음 활동은 전혀 보도되지 않기도 한다. 그리고 이와 같은 무시의 시간이 지나고 나면, 일정 기간 동안 간헐적이라도 계속해 오던 활동이 갑자기 다시 발견된다. 이때 운동은 선택하는 것이 아니라 선택받는 것이다.

언론 보도가 가진 근본적 자의성을 고려하면, 제한적이나마 그에 대응하는 작전을 세울 여지도 찾을 수 있다. 지역신문은 특히 개방적이어서 기삿거리를 만들 만한 역량을 가진 활동가들은 자신들이 원하는 만큼 많은 보도를 이끌어 낼 수 있다. 다른 한편, 보도 자료를 잘 쓰고, 기자회견을 적절하게 열며, 유명 인사나 위대한 영웅을 현명하게 활용하는 것도 분명 중요하다. 물론 이런 일들을 얼마나 많이 해야 하는지는 말하기 어렵지만 말이다. 정치활동은 활동가들이 부정하거나 억압하지 말아야 할 놀랍고도 감동적인 성격을 갖고 있는 경우가 많다. 언론 홍보를 준비할 때 전문가에게 도움을 구하는 것은 전혀 부끄러운 일이 아니다. 전문가들에게 운동을 좀 더 그럴듯하게 보이도록 만들어 달라는 것이 아니라 있는 그대로 보이게 해달라고 요청하는 한 그렇다는 말이다. (아마도 운동은 좀 더 그럴듯하게 보이도록 **해야 할** 것이다. 하지만 이것은 정치적 결정이며 반드시 참여자들 자신이 결정해야 한다.)

그러나 늘 새로움과 흥분을 지향하는 언론 매체의

편향성을 고려할 때, 운동은 두 가지 위험을 경계할 필요가 있다. 첫 번째 위험은 언론의 주목을 받기 위해 레토릭과 전술의 강도를 점점 더 높이는 문제이다. 어떤 활동이 많은 관심을 받지 못하고 있다고 해서, 이런 이벤트로 관심을 끌어 볼까, 아니면 또 다른 뭔가를 해볼까…하는 식으로 생각해서는 안 된다. 그러기 시작하면 질서 정연한 시위와 합리적 연설은, 유리창 깨기나 무례한 언사로 이어지고 나중에는 멜로드라마처럼 과장된 방식으로 혁명을 주장하는 데까지 나아갈 수밖에 없다. 시간이 흐를수록 판돈은 올라가고 점점 더 과격한 말을 내뱉으며 점점 더 큰 위험을 감수하려 한다. 운동에 참여한 시민들은 한쪽 눈으로는 자신들이 하고 있는 활동을 보고, 다른 한쪽 눈으로는 언론에 비친 자신들의 모습을 본다. 그들은 언론에 나오는 자신의 모습을 보기 위해 계속해서 다른 사람들을 놀라게 해야만 할 것이다.

아마추어들의 운동이 가끔씩 사람들을 놀라게 만들기도 한다. 또한 운동에 참여한 사람들이 가능한 한 극적인 방식으로 기존 정치 관행과 단절하는 모습을 보여 주는 것은 언제나 유용하다. 그러나 대부분의 경우 좋은 정치는 같은 일을 몇 번이고 반복하는 데서 만들어진다. 보통 사람들이 하는 다른 수많은 가치 있는 일들과 마찬가지로 좋은 정치도 지루함을 이겨 낼 수 있는 꽤나 큰 역량을 필요로 한다. 언론은 이런 역량에 관심이 없다. 따라서 언론의 영향력에 맞서 싸워야만 한다. 이 싸움에서 활용할 수 있는 최고의 전략은 운동 내부에 청중을 만드는 것이다. 따라서 운동에 참여한 사람들을 대상으로 하는 소식지, 팸플릿, 영상 등이 필요하며, 이를 통해 운동 밖에서 통용되는 것과 다른 정치적 타당성과 효용성의 기준을 만들어야 한다.

두 번째 위험은 운동의 리더들과 대변인들이 경험하기 쉬운 것으로, 언론에 과잉 노출되는 문제이다. 언론 매체들이 흥분을 자극하는 방법 가운데 하나는 인물에 초점을 맞추는 것이다. 한 명의 리더가 뚜렷하게 드러나지 않거나 운동 내부에서 여러 사람이 리더십을 공유하고 있다면, 언론은 가장 화려한 인물을 찾아내 그를 '군주'Prince로 지명할 것이다. 그 군주는 끊임없이 언론의 조명을 받으며 수많은 인터뷰에 응하고 수십 개의 주제에 관한 질문을 받으며, 그의 모든 활동은 가장 화려한 발언과 제스처, 가장 '흥미로운' 본모습을 보여 주려는 목적에 맞춰 편집될 것이다. 그에게는 그처럼 다양한 주제들에 대해 특별한 의견이 없을 수도 있고, 그의 화려한 발언은 다른 구성원들의 견해를 대표하지 않을 수도 있다. 하지만 언론 매체들에게 이런 문제는 중요하지 않다. 또한 갑작스러운 명성의 유혹을 이겨 내기도 쉽지 않다. 어쨌든 운동은 언론의 주목을 필요로 한다. 운동을 대표하는 사람이 어떻게 이런 기회를 거부할 수 있겠는가?

여기 세 종류의 희생자가 있다. 첫째, 언론 보도를 즐기기만 할 뿐 그로부터 양질의 정보를 얻지 못하는 미디어 소비자들이다. 둘째, 언론이 잘못 보도하거나 제대로 다루지 않는 운동의 참여자들이다. 마지막으로, 군주로 지명 받은 후 너무 빨리 소모돼 버리는 당사자이다. 그 군주가 매우 흥미로운 사람일 수도 있다. 하지만 그런 사람도 계속 이야기를 하다 보면 그렇게 오랫동안 사람들의 흥미를 끌 수는 없다. 언론은 곧 또 다른 사람을 찾아낼 것이다. 그러는 동안 그 군주를 동료로서 신뢰했던 다른 활동가들이 어느 날 불현듯 새로운 시선으로 그를 바라보게 된다. 저렇게 큰 목소리로 말하는 저 사람은 대체 어떤 사람이지? 활동가들 사이에서 나타나곤 하는 리더십의 불안정성은 이런 관점에서도 이해할 수 있다. 전국 단위 언론의 주목을 받으면서, 동료와 지지자들의 (의심스런) 눈빛에 가차 없이 노출되기 전까지 견고한 정치적 기반을 다질 만한 시간을 갖기는 어렵기 때문이다.

그렇다면 '군주'는 어떻게 해야 할까? 무엇보다 먼저 그를 끊임없이 초대하는 '게임', 중산층 시민들을 깜짝 놀라게 만드는 게임, 극강의 리더를 찾는 게임, 즉각적으로 의견을 구하는 게임 등 이런 종류의 게임에 참여하기를 거부해야 한다. 다음으로, 운동에 참여한 사람들이 널리 공유하고 있는 견해를 말해야 한다. 물론 그럴 때도 자신만의 표현 방식을 활용하며 강조할 지점을 선택할 수는 있다. 그다음엔 다른 사람들도 자신과 함께 조명 받을 수 있도록 해줘야 한다. 마지막으로는, 회피와 거절의 기술에도 통달해야 한다.

그럼에도 카메라 앞에 서는 것이나 기자들과 만나는 것을 완전히 거부할 수는 없다. 때로는 거부하는 것이 자신의 정직함을 보여 주는 방법으로 이해되기도 한다. 활동가들은 이렇게 말한다. 우리 모습이 언론을 통해 왜곡되지 않도록 하면서 진실한 본모습만 세상 사람들에게 보여 줄 것이다. 운동의 정치적 목적을 고려하면 이는 실현할 수 없는 결의일 뿐이다. 운동을 하는 사람들이 언론에 언급되고 논의되고 보도되는 것을 거부할 수는 없다. 그들은 공적인 효과를 추구하며, 다른 사람들에게 영향을 미치고, 그들의 삶을 (혹은 삶의 일부를) 바꾸기 위해 일하고 있다. 그들이 언론의 주목을 필요로 하는 것도 있지만, **그들의 활동이** 그럴 만한 가치가 있으므로 언론이 주목하는 것이다. 그러므로 활동가들은 싫든 좋든 공적인 이미지를 갖게 되며, 이는 자신의 이미지를 완벽하게 관리할 수 없다는 것을 의미한다. 그 결과 자신의 이미지에 전적으로 책임지는 것 또한 불가능하다. 그러나 그들은 책임을 져야 하며, 할 수 있는 한 최선을 다해 책임져야 한다.

20 전술

운동에서 할 수 있는 활동의 수는 한정돼 있다. 따라서 우선 그런 활동을 잘하는 게 중요하고, 다음으로 그런 활동을 열심히 하는 것이 중요하다. 그러나 전술에 대한 운동 내부의 논쟁은 이를 간과하는 경우가 많다. 전술 논쟁은 대개 리더나 이슈, 전략이나 조직 구조에 관한 다툼에 가려져 잘 보이지 않는다. 일상적인 활동 과정에서 비롯된 요구나 전술적 결정(처럼 보이는 것)으로 말미암아 불가피하게 제기되지 않는 이상 그렇게 큰 문제는 웬만하면 다루지 않는 것이 좋다. 하지만 활동가들은 [전술적 차원에서] 무엇이 결정되고 있는지 언제나 정확히 인지하고 있어야 한다. 선거구마다 호별 방문을 조직하라고 하면, 이는 앞으로 있을 선거운동을 준비하고 있는 것이다. (그렇지 않다면, 선거운동을 준비하고 있지 않은 것이다.) 시위에 참여하는 모든 지역 단체들에게 각자 피켓을 준비해 가져오라고 한다면, 그건 전국 단위의, 아마도 여러 이슈를 다루는 운동을 계획하고 있는 것이다. 그 밖의 다른 활동도 마찬가지다.

그러나 전술은 나름의 의미와 가치를 갖고 있다. 결국 리더와 운동이란 것도 대개는 전술들의 성공을 통해 유지된다. 따라서 리더와 활동가들도 매일매일 해야 할 활동을 찾아야 한다. 활동가들은 그런 활동들을 통해 삶의 의미와 효능감을 느끼며, 다른 사람들도 그런 활동들을 지켜보고 또한 기억할 것이다. 그렇다면 그런 활동에는 어떤 것들이 있을까?

① 호별 방문

호별 방문은 가장 자연스러운 운동 방식이다. 정부 당국이나 언론 매체의 간섭 없이 시민이 시민에게 자유롭게 다가가 말을 건넨다. 호별 방문을 하는 사람이 해당 지역에 살거나 그 지역을 잘 알고 있다면 가장 효과적이다. 가능하면 두 사람씩 짝을 짓는 것이 좋고, 남자들은 대체로 집에 없기 때문에 적어도 한 사람은 여성이면 좋다. 호별 방문 담당자들은 분노와 비난을 자제하며 긴 논쟁에 말려들지 않는 훈련을 받아야만 한다. 호별 방문에서 지역 주민과 논쟁을 벌이는 것은 가장 위험하고 이기적인 행동이다. 그들은 종종 주민들과 논쟁을 벌여 의미 있는 지적 승리를 거뒀고 그 결과 주민들이 운동을 지지하게 되었다고 확신한다. 하지만 그처럼 쉬운 승리가 실제로 가져오는 효과는 대체로 그 반대일 가능성이 매우 높다. 호별 방문은 운동의 존재와 운동이 제기한 이슈를 알리고, 이미 운동에 동의하고 있는 사람들을 찾아내며, 동의하지 않는 사람들도 나중의 설득을 위해 개방적인 태도를 갖도록 하는 것 정도를 목표로 삼아야 한다. 한 시간 혹은 하루 만에 생각을 바꾸는 사람은 거의 없다. 그렇게 짧은 시간에 사람들의 생각을 바꾸려고 하는 것은 활동가들의 오만을 드러낼 뿐이다.

호별 방문 담당자들이 주민들의 집을 방문할 때는 운동이 제기한 이슈 외에 또 다른 구실이 있어야 하며, 때로는 다시 찾아갈 구실도 필요하다. 그렇다면 청원서를 가져가도 좋고, 전단을 나눠 줘도 좋고, 모임이 열린다는 소식을 알려 주는 것도 좋다. 만약 동조자를 발견했다면, 그런 사람들을 모아, 운동의 대변인과 함께하는 지역 토론회를 조직해야 한다. 아마도 대부분의 경우, 호별 방문자들은 이런저런 방식으로 특정 후보나 정당을 지지하거나 주민 투표에 참가하도록 지역 주민들을 독려하고 있을 것이다. 그렇다면 그들은 여론조사 기구의 역할도 맡아, 어느 지역에서 운동에 대한 지지가 강하고, 어느 지역에서 그렇지 않은지를 지도부에게 알려 줘야 한다. 유권자들과의 만남을 모두 하나하나 정확히 기록해 두는 것도 매우 중요하다.

선거운동에서 호별 방문이 갖는 효과에 대해서는 지금도 계속 논쟁 중이다. 호별 방문이 상당수 유권자들을 투표장으로 끌어내는 데 효과가 있는 것은 분명하다. 하지만 우호적이지 않은 지역에서는 운동의 대의에 별다른 도움을 주지 못하거나 심지어 상당한 손실을 입힐 수도 있다. 따라서 선거운동을 위한 호별 방문은 특별한 경우가 아니라면, 운동을 지지하는 주민들로 대상을 한정해야 한다. 즉, 이런 경우 호별 방문은 지지자들에게 특정 선거운동의 의미를 알려 주기 위한 것일 뿐이다. 호별 방문이 그 외의 다른 목적에 기여하기는 어렵다. 호별 방문으로는 지지자를 늘리거나 새로운 사람들에게 운동의 대의를 소개하지도 못하며, 운동 단체를 조직하기도 어렵다. 심지어 운동에 호의적인 사람들에게 '올바른' 정치적 입장을 납득시키는 데 성공하기도 어려운데, 그 이유는 운동이 지지하는 후보가 충분히 만족스러운 입장을 밝히는 경우가 드물어 호별 방문 담당자들이 말할 수 있는 내용이 제한적이기 때문이다. 그럼에도 불구하고 운동이 지지하는 후보가 선거에서 승리할 가능성이 꽤나 높다면, 이런 제약은 충분히 감내할 만한 것이다. 왜냐하면 선거에서 승리하는 것이, 가장 열정적이고 효과적인 호별 방문보다 더 빨리 운동 단체를 조직하게 해주며 운동의 활동 범위를 넓혀 주기 때문이다.

② 시위

시위는 가장 쉬운 활동 방식이다. 시위는 대의를 지지하는 사람들이 함께 모이는 것, 그 이상을 요구하지 않는다. 하지만 운동의 약함이 아닌 강함을 보여 주려면 충분히 많은 사람들이 모여야 한다. 시위에는 두 가지 목적이 있는데, 이 목적에 가장 크게 기여하는 것은 참가자의 규모뿐이다. 첫 번째 목적은 활동가들을 단결시키고 향후 활동을 위해 열의를 북돋우는 것이다. 두 번째는 운동이 가진 힘과 열정, 운동에 참여한 사람들의 사회적 다양성, 공적으로 존중받을 만한 운동의 위상 등에 대해 일반 시민들, 특히 기성 정치 지도자들에게 깊은 인상을 심어 주는 것이다.

물론 일반 시민들에게 무엇을 시위해야 할지, 무엇

에 대해 깊은 인상을 남겨 줘야 할지에 대해서는 늘 이견이 있기 마련이다. 실제로 대규모 시위를 조직하기 위해서는 해당 이슈를 제기한 운동 단체뿐만 아니라 정파, 정당, 독립적인 지역 운동 단체 등 다양한 정치집단의 지지와 참여가 필요할 가능성이 높다. 이런 시위는 대개 각 집단의 대표들로 구성된 연석회의에 의해 조직될 텐데, 각 대표들이 염두에 두고 있는 목적은 서로 다를 것이다. 그럼에도 참여 단체들 모두가 동의할 만한 방법을 찾아 단일한 방침과 공동의 규율, 집회에서 발언할 사람들의 목록과 집회의 대의를 알릴 대변인을 정해야 한다. 이와 같은 연합 시위에서 단일 이슈 운동은 리더들이 최소한의 전략만 갖고 있다면 큰 성과를 얻을 가능성이 가장 높다. 왜냐하면 피켓이나 전단에 무엇이 쓰여 있든, 연사가 무엇을 말하든, 한 번에 두 가지 이상의 주제를 갖고 시위를 하기란 매우 어렵기 때문이다. 예를 들어, 핵무기 감축이나 전쟁 반대를 위한 시위에서 참가자들은 다양한 주장을 제시할 수 있다. 즉, 매우 복잡한 이데올로기적 견해를 밝

힐 수도 있고, 가장 도발적인 구호를 외칠 수도 있다. 하지만 시위가 시의적절하고 행사도 단출하게 구성됐다면, 핵무기 감축이나 전쟁 반대를 위해 많은 사람이 모였다는 사실만 기억에 남는다.

물론 피켓이나 전단, 연사가 중요하지 않다는 말은 아니다. 시위 과정에서 운동이 부과한 규율이 충실하게 지켜질수록, 그 시위는 **운동을 위해** (그리고 대의를 위해서도) 더 큰 효과를 발휘한다. 운동이 시위를 지휘하거나 그렇게 보일 때만, 직업정치인들도 운동 지도부와 협력하고 운동이 자신들을 인정해 주기를 바라며 운동의 정치적 입장을 지지하려 한다. 지지자들조차 제대로 지휘하지 못하는 대표자들과는 누구도 함께 일하고 싶어 하지 않으며 그럴 필요를 느끼지도 않을 것이다. 그렇게 지휘하지 못할 경우, 정치인들은 시위 참가 단체들의 지도부를 우회해 운동의 지지자들과 활동가 대중에게 직접 호소하며, 이들 대중은 조직화된 집단이 아닌 개인으로서 그 호소에 응답할 것이다.

운동 단체들은 대체로 중심지, 즉 수도나 대도시에서 시위를 벌이려고 한다. 물론 그것도 분명 중요한 일이지만, 늘 그런 것은 아니다. 지방에서도 시위를 개최할 필요가 있다. 파트타임 활동가들이 거주하며 생업에 종사하는 전국 곳곳의 여러 지역들을 운동의 주요 거점으로 삼는 것이 시민정치의 강점이 되는 경우가 많다. 이런 운동의 성과는 인상적인 방식으로 사람들에게 널리 알려도 좋을 것이다. 지역에 뿌리내리고 있다는 것은 강한 인상을 심어 주는 정치적 사실이다. 워싱턴이나 뉴욕에서 열리는 집회에 참가하기 위해 전국 각지에서 모여드는 이들은 종종 사회 공동체의 주변부에서 활동하는 사람들처럼 보인다. 중심부에서 개최되는 전국적인 시위는 **시위꾼들**을 끌어들이고, 지방에서 열리는 지역 시위는 시민들을 끌어들인다. 물론 활동가들로서는 친구들이나 이웃들 앞에서 집회나 행진을 벌이는 것이 훨씬 더 어려울 것이다. 하지만 그렇게 하도록 활동가들을 설득해야 한다. 선거 전날 저녁에 벌이는 행진이나 모닥불 잔치 등의 전통적인 정치활동을 운동이 부활시키는 것도 좋겠다.

시위를 계획할 때 경찰과의 협상은 피할 수 없다. 운동 지도부가 필요하다고 생각하거나 하고 싶은 활동들을 경찰이 기꺼이 승인하는 한, 모든 세부 사항까지 그들과 합의하는 것이 가장 현명하다. 경찰(혹은 그 윗사람)이 허가해 주지 않는다면, 집회의 자유나 운동의 대의 그 자체를 위해 시민 불복종을 주장할 수도 있다. 하지만 이는 중요한 정치적 결정이다. 따라서 정치적 요인들을 고려해서 결정해야 한다. 이런 요인들 가운데 가장 핵심적인 것은 참가자들이 지도부의 규율을 얼마나 따를 것인가이다. 만약 지도부가 자신의 권위에 대해 확신이 없다면, 경찰의 권위에 도전하지 않는 편이 낫다. 아수라장 같은 집회는 많은 경우 공권력, 즉 '법과 질서'의 힘만 키워 주며 운동이 억압받는 결과를 가져온다. 이런 상황에 미처 대비하지 못한 많은 시민 활동가들은 황급히 운동에서 빠져나갈 가능성이 매우 높다. 물론 그런 위험을 감내해야 할 상황이 있으며, 언젠가는 그럴 일이 생길 것이다. 하지만 누구도 위험의 정도를 과소평가해서는 안 된다.

꼭 많은 사람들이 시위에 참가해야 하는 것은 아니다. 시위 참가자들의 수가 적어도 일정한 효과를 발휘할 수 있는 두 가지 방법이 있다. 첫째, 소수지만 잘 알려진 사람들이 시위에 참가하는 경우다. 둘째, 놀랄 만하거나 위험하거나 불법적인 일을 벌이는 경우다. 유명 인사들이 도심을 가르는 행진에 참여하거나 정부 건물 앞에서 피케팅을 벌이거나 사람들의 이목을 끌기 위해 위법행위를 하는 것은 때때로 운동의 힘을 드러내며 운동에 도움이 되기도 한다. 두 번째 경우는 시위를 지켜보는 사람들이 판단할 일이거나 시위 참가자들의 개인적 선택일 뿐이며, 전술을 결정하는 과정에서 다뤄야 할 것은 아니라 하겠다.

③ 파업과 불매운동

파업과 불매운동은 운동의 힘을 행사할 뿐만 아니라 그

힘을 밖으로 드러내고 보여 주는 활동으로, 이런 실천은 반드시 효과를 발휘해야 하며 그렇지 않으면 아무런 의미도 없다. 거의 모든 활동가들은 정치활동을 하는 동안 적어도 한 번은 총파업을 통한 승리, 즉 전체 사회가 (혹은 전체 노동계급이) 들고일어나 대의를 쟁취하기 위한 대규모 집회에 참여해 승리를 거두는 상황을 꿈꿔 본 적이 있을 것이다. 그러나 노동운동을 제외하면, 아주 제한적인 파업조차 선택할 만한 대안이라 말하기는 어렵다. 운동을 지지하는 사람들이 파업을 성사시킬 만큼 그 수가 많거나 사회적으로 중요한 자리에 있는 경우는 드물며, 운동의 규율이 그런 파업을 유지할 만큼 강고한 경우도 드물다. 시민 활동가들 또한 운동에 더 많은 시간을 할애하라고 요구받을 때는 불만을 토로할 가능성이 높다. 그들은 자신이 참여하고 있는 정치활동과는 별개로 일자리와 가족의 삶을 지키고자 (늘 그런 것은 아니지만) 노력한다. 운동의 리더들은 이들이 더 많이 참여해 주기를 바라겠지만, 그렇다 하더라도 자신의 삶을 위해 노력하는 사람들의 태도는 존중받아야 한다. 불매운동은 파업보다는 쉬운 활동인데, 참가자들에게 최소한의 노력만 요구하기 때문이다.

납세 거부와 병역 거부도 파업의 일종이며, 같은 의도를 가진 것으로 볼 수 있다. 나는 이런 활동이 의도한 바대로 위압적인 효과를 발휘할 것이라고 생각하지 않는다. 왜냐하면 어떤 정치운동도 이런 활동을 통해 파업과 같은 효과를 가질 만큼 많은 지지자를 동원해 낼 수는 없기 때문이다. 하지만 이런 활동에 따르는 위험을 개인적으로 감내하려는 소수의 납세 거부, 병역 거부는 그들의 의지와 헌신을 보여 주는 인상적인 시위가 될 수 있으며, 이는 다른 활동가들에게도 그만큼 강렬하지는 않더라도 동일한 종류의 저항 활동에 참여하도록 고무할 수 있다. 물론 여기서도 거부 활동에 참여한 사람들의 공개적인 행동과 태도에 많은 것이 달려 있을 것이다.

④ 선거운동

일정 시점에 이르면 운동은 나름의 의구심에도 불구하고
거의 확실히 선거운동에 참여하게 될 것이며, 참여해야
한다. 주민 투표는 선거운동과 유사한 활동으로 운동이
가장 쉽게 의존하는 실천 방식인데, 그 이유는 헌신적인
활동가들에게 불안감을 안겨 주지 않으면서도 운동이 제
기한 단일 이슈를 유권자들에게 직접 호소하며 '순수한'
투표 독려 활동을 펼칠 수 있기 때문이다. 이를 통해 새로
운 지지자들을 찾을 수 있으며, 그들 지지자는 향후 운동
에서도 유용한 자원으로 활용될 수 있다. 그리고 운동의
대의를 위해 별다른 일을 할 수 없는 시민들도 투표에 참
여하거나 심지어 통상적인 투표 독려 활동에는 동참할 수
있기 때문에, 선거구나 지역별로 조직을 건설할 수도 있
다. 단일 이슈를 내걸고 독자 후보를 출마시키는 것도 쉽
게 선택할 수 있는 방법이다. 선거에서 승리할 가능성은
낮겠지만, 대의를 알리는 데 기여할 수 있고, 그 후보가
적지 않은 표를 얻는다면 중요한 시위 효과도 발휘할 수

있다. (물론 이런 목표들을 한꺼번에 모두 이뤄 내기는 어려울 것이다.) 또한 단일 이슈 중심의 선거 캠페인은 거대 정당들에게 상당한 압력을 가해, 그들 정당으로 하여금 운동이 동원한 지지자들의 표를 얻기 위해서라도 운동의 대의를 받아들이게 만들 수 있다.

주요 정당이 이런 태도를 보이는 순간, 운동은 자의든 타의든 정당과 후보가 주도하는 통상적인 선거 활동에 관여하게 된다. 그러나 정당이 자신의 대의를 수용했다 하더라도 운동이 그 정당의 포로가 될 필요는 없다. 운동이 자신의 정체성과 조직적 순수성을 계속 유지하고자 한다면, 이제 모든 전술적 활동이 중요해진다. 정당 사람들과는 별개로 호별 방문을 하는 것이 특히 중요하다. 정당으로서는 선거에서 이기는 것이 곧 최고의 승리를 의미하겠지만, 운동의 입장에서는 기껏해야 최종 승리의 전前 단계일 뿐이다.

위에서 말한 모든 전술과 그 밖의 다른 전술들은 서로 다른 전략의 일환으로 활용할 수 있다. 이 전술들을 다양한 방식으로 조합하거나 동시에 혹은 순서를 정해 실행할 수도 있다. 여기서 기억해야 할 것은 반드시 따라야 할 올바른 전술이란 없다는 점이다. 앞에서 말한 전술 가운데 어떤 것도 최종적인 승리를 보장하지 못한다. 따라서 전술을 선택할 때는 항상 두 가지 사항을 고려해야 한다. 첫째, 전술은 (가미카제 특공대의 공격과 달리) 반복할 수 있어야 한다. 둘째, 특정 전술을 끊임없이 반복해서 실천할 필요는 없다. 즉, 전술이 운동을 특정한 활동 방식에 묶어 둬서는 안 된다는 말이다. 활동가들은 늘 동일한 활동을 반복할 준비가 되어 있어야 하며, 그에 못지않게 다음 활동을 전개할 준비도 되어 있어야 한다.

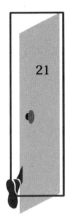

21 적들

이 장의 제목이 '적'이 아니라 적'들'이라는 데 주목할 필요가 있다. 시민 활동가들이 하나의 적, 이를테면 직업정치인과 관료로 구성된 단일 지배 집단이나 강고한 기득 집단과 맞서 싸워야 하는 경우는 거의 없다. 그런 상황은 반대로 이들 지배 집단이나 기득 집단 내 누군가가 시민들의 음모와 맞서는 경우만큼이나 드물다. 적이 단수가 아니라 복수로 존재한다는 사실을 한사코 부정한다면, 목표를 겨냥하기는 쉬워도 성과를 얻기는 매우 어려울 것이다. 실제로 운동은 그것의 성격이 어떻든 다양한 적들과 마주하는데, 이 적들 또한 운동에 대항하는 과정에서 서로 활동을 조율하는 데 상당한 어려움을 겪는 경우가 많다. 이들은 자신들 간의 오랜 경쟁 관계로 말미암아 협력을 외면하기도 하고, 시민 활동가들처럼 전략과 전술에서 이견을 보이기도 하며, 단순히 협박으로 문제를 해결하려고도 한다. 만약 운동이 진짜로 큰 위협이 된다면, 그들 모두가 하나로 뭉칠 수도 있다. 하지만 혁명을 지향한 투쟁의 역사에서조차 그런 식의 단결은 나타난 적이 없으며, 운동이 모든 기득 집단에게 똑같이 큰 위협이 되는 경우는 흔하지 않다. 정말이지 때로는 다른 누구보다 지도자급 정치인들이 나서서 그런 위협을 기회로 활용하며 대중적 지지를 얻기 위해 자신의 전통적인 연대 세력(귀족, 성직자, 지주, 산업자본가, 기업 경영자)을 버리기도 한다.

활동가들은 이런저런 이데올로기적 비전에 따라 처음부터 특정 집단과 적대적 관계를 상정하는 대신, 늘 은밀한 연대 세력을 찾아야 한다. 기성 정치체제는 그 자체로 경쟁적이기 때문에, 이 체제의 작동에 개입하는 것은 어떤 경우든 서로 다른 위치에 있는 집단들(예컨대 공직을 차지하고 있거나 그렇지 못한 정당들과 개인들)에게 서로 다른 효과를 미칠 수밖에 없다. 대규모 시위는 현직 시장이나 주지사에 대한 신뢰를 약화시킬 수 있는 반면, 그런 시위를 조직하는 데 전혀 관여한 적이 없는 반대당 세력의 은밀한 박수를 받을 수 있다. 정당 선거에 참여하기를 망설이는 유권자들의 지지를 얻고자 하는 정당에게, 주민투표referendum 독려 캠페인이 도움을 줄 수 있다. 따라서 이런 정당에게, 성장하고 있는 운동은 그 자체로 연합과 연대의 대상이다. 운동 내 급진주의자들은 꿈도 꾸지 않겠지만 말이다. 물론 이런 종류의 연대는 분명 안정적이지 않을 것이다. 하지만 그로부터 얻을 수 있는 성과를 면밀히 따져 보기도 전에 일축해 버리지는 말아야 한다.

　　누구도 적이라는 호칭을 얻기 전까지는 그렇게 불러서는 안 된다. 물론 운동의 리더들은 사회 곳곳에서 지지를 얻을 수 있는 기회를 가능한 한 현실적으로 계산해야 한다. 하지만 그들의 공적 태도는 개방적이어야 하며, 개방성이 그들의 안전을 위협하지 않는 한 그런 태도를 계속 유지해야 한다. 리더는, 운동을 처음 접한 후 우려나 의심, 반감을 보이는 사람들의 지지도 얻을 필요가 있는

데, 그러려면 운동에 대한 첫 번째 반응만 가지고 그들을
적으로 규정해서는 안 된다. 운동에 완강하게 반대하는
적대 세력들도 있을 것이다. 하지만 그렇다고 해서 처음
부터 누군가를 완강한 적으로 규정하는 태도가 정당화되
는 것은 아니다.

그러나 일부러 적을 찾으려 하지 않아도 운동은 기
존의 도덕적·정치적 기준이나 사회의 기득 집단들과 근
본적으로 불화하고 있다는 사실을 깨닫게 된다. 이제 운
동은 이 싸움에서 승리하기 위해 최선을 다할 수밖에 없
다. 그러나 운동이 하는 모든 활동이 다수의 일반 시민들
에게는 위협이나 무례로 느껴지기 때문에, 선택할 수 있
는 활동의 종류는 제한적이다. 이럴 때, 활동가들은 운동
을 위협이나 무례로 받아들이는 사람들을 비난하고 싶은
유혹을 강하게 느끼게 된다. 하지만 운동의 고립과 실패
에 대한 책임을 다른 누구에게 떠넘길 수 있겠는가? 17세
기의 정치 팸플릿이 늘 왕이 아니라 왕의 조언자들을 공
격했던 것처럼, 오늘날의 활동가들 또한 시민들이 아니

라 그들의 리더를 공격해야 한다. 리더를 제외한 시민들에게는 교육적인 관점에서 다가가는 것이, 고립되기 쉬운 활동가 집단의 과제이다. 즉, 관심을 끄는 데 필요한 일이라면 무엇이든 하면서 자기 입장을 설명해야지, 자기 의견에 동의하지 않고 외면한다고 해서 사람들을 비난해서는 절대 안 된다. 운동은 언제나 실제보다 더 많은 지지를 받고 있는 것처럼 보이도록 해야 한다.

22 전투적 공격의 활용

처음에는 체제 내에서 활동했다. 하지만 원하는 것을 이룰 수 없었다. 그래서 체제 밖으로 나갔다. 전형적인 활동가들은 자신의 행동이 법의 테두리를 뛰어넘어 전투적 공격성을 갖게 된 것을 이렇게 설명한다. 그러나 혁명이 아닌 한 체제 밖으로 나간다는 게 그렇게 쉬운 일은 아니다. 법외 활동이라도 체제 내에서 효과를 발휘하는 데 목표를 둬야 한다. 효과를 얻을 수 있는 다른 영역 같은 건 없다. 따라서 전투적 공격 전술에 대한 판단에서는 늘 체제 전반을 고려해야 한다. 다음과 같은 질문을 던져 볼 필요가 있다. 활동가들은 어떤 종류의 지지를 얻고자 하는가? 일반 정치인들에게는 어떤 종류의 압력을 행사하려 하는가? 여기서 이들 질문이 갖는 도덕적 함의에 대해서는 이야기하지 않겠다. 대의를 위해 최대한 효과적으로 행동하려는 활동가들의 헌신이 곧 도덕적 헌신임을 말하는 것만으로도 충분하다. 그들에게는 자신의 대의를 훼손할 권리가 없다. 그러므로 그들은 대의를 훼손하기 쉬운 개인적 좌절과 분노의 유혹에 끊임없이 저항해야 한다. 그들의 판단은 감정에 좌우되지 말아야 하며 사적으로 이뤄져서도 안 된다. 이런 자질은 도덕적 훈계보다는 조직적 규율을 통해 형성될 가능성이 더 높다. 바로 이 지점에서 조직적 규율이 지닌 도덕적 가치가 드러난다.

물론 법외 활동이 대의에 기여할 때도 있다. 시민 활동가들에 대해 겉으로 드러나지는 않지만 광범위한 지지가 존재하고, 기성 체제의 지배적 가치로부터 벗어난 활동 말고는 승리할 수 있는 다른 방법이 없을 때가 전형적으로 그런 경우다. 대중의 관성, 특수 이익, 기성 정치가 만들어 놓은 난관, 이 모두가 여전히 운동의 길을 막고 있는 상황에서, 적지 않은 활동가들이 대의의 중요성을 (시민들에게) 보여 주기 위해 법을 어기는 일은 도움이 될 수 있다. 활동가들은 동료 시민들에게 이렇게 말한다. "여러분들이 반드시 해야 하는 일인 줄 알면서도 그 일을 하지 않는다면 우리는 감옥에 갈 수밖에 없다." 이와 같은 시위는 (때때로) 효과를 발휘하기도 하는데, 그것은 바로 옳은 것, 좋은 것에 대한 공통의 인식을 환기시켜 주기 때문이다. 노동자, 여성, 흑인이 투표권을 갖게 된 역사도 이렇게 만들어진 것이다. 다시 말해, 법외 활동이 효과적인 이유는 그것을 지켜본 누구도 대의의 정당성을 부정할 만한 확실한 근거를 갖고 있지 않기 때문이다. 그래서 사람들은 활동가들에 대한 끊임없는 억압과 처벌을 지지하지 않으려 했거나 도덕적으로 그럴 수 없었던 것이다.

(노동운동의 역사에서도 볼 수 있듯이) 활동가들이 지속적인 억압 아래 놓여 있을 때, 또 다른 위법적 활동이 필요할 수도 있다. 집단행동을 금지한 법률(또는 행정·법원·경찰의 명령)과 맞서 싸우지 않고서는 언젠가는 대의를 이루리라는 희망을 갖고 행동하기가, 아니 그저 행동하는 것 자체가 불가능한 때가 있다. 이런 상황에 처한다면, 활

동가들은 자신의 행동이 가져올 광범위한 효과에 얽매일 필요 없이 법규를 어기고 지지자들을 만나며 그들을 동원해야 한다. 하지만 그럴 때조차 일정한 한계 내에서 행동하는 것이 가장 현명하다. 왜냐하면 다른 사람들에게 미칠 영향을 완전히 무시해서는 안 되기 때문이다.

사람들은 보통 자신을 향한 공격을 긍정적으로 받아들이지 않는다. 그러나 공격받은 사람들은 마지못해서라도 다른 방식으로 행동할 수 있다. 만약 정치가 이런 (전쟁이나 혁명 같은) 것이라면, 대대적으로 공격하는 것이 나을 수도 있다. 하지만 운동이 희망하는 것이 체제 전반에 영향을 미치는 것, 이런저런 법률과 정책의 폐지 또는 변경, 심지어 단순히 현재 진행 중인 정치활동의 지속 같은 것이라면, 훨씬 더 정교한 설득에 많은 노력을 기울여야 한다. 신중과 절제는 사람들 사이에 공유하는 가치가 없을 때 반드시 필요한 태도이다. 게다가 법외 활동들, 그중에서도 특히 폭력은 활동가 집단과 나머지 사람들 간의 거리를 멀어지게 할 가능성이 매우 높다. 운동은 많은 사람들이 이해하지 못하고 심지어 두려워하는 새로운 정책을 제안하고 있다. 이뿐만이 아니라 운동가들은 이런 자신들의 제안을 실행하라고 압력을 가하는 차원에서, 공개적이며 의도적으로 많은 이들에게 낯선데다 위협감마저 안겨 주는 활동을 매일매일 하고 있는 것이다. 그들은 자신들이 체제 밖으로 나갔다고 생각할지 모르지만 실제로는 스스로가 체제 밖으로 쫓겨 나가도록 만든 것일 뿐이다. 그들은 거의 틀림없이 분파적 고립에 빠질 것이며, 그 뒤 시간이 흐르고 나면 그들 다수는 자신이 원하지 않던 모습을 스스로에게서 발견하게 될 것이다.

시민 활동가들이 전투적 공격을 벌이는 또 다른 사례에 대해서도 말해야겠다. 그것은 **다른 이들의** 폭력이나 폭력 위협에 사회 전체가 주의를 기울이도록 경종을 울리고자 전투적 공격을 활용하는 경우다. 이때 활동가들은 동료 시민들에게 이렇게 말한다. "당신들이 관심을 갖지 않거나 지지하지 않더라도 우리는 우리 식대로 하겠다." 사실 이 말의 의미는 자신들도 위협을 가하겠다는 것이 아니라 사람들에게 도움을 요청하고 있는 것이다. (설령 협박이라 해도 진지한 것으로 보기는 어렵다.) "늑대다!"라고 외치는 소년처럼 이 말을 너무 자주 사용해서는 안 된다. 물론 위기에 대처할 수 있는 대안이 시민정치밖에 없고, 누군가 정치체제(혹은 많은 경우 사람들의 생명과 신체)를 위험에 빠뜨릴 때가 있다. 그렇다면 운동의 경고는 타당하며 귀 기울일 만한 가치가 있다. 확실히 이런 경고는 가치 있는 일이며, 그렇기에 1960년대 초반 마틴 루서 킹이 그랬듯이 가능한 한 침착하고 냉정하게 말하는 것이 좋다. 폭력적 전투주의자들과 시민 활동가들의 역할은 다르므로, 폭력적 전투주의자들의 분노가 시민 활동가들에게 도움이 될 수 있으리라는 생각이 틀렸음은 말할 필요도 없다. 또한 시민 활동가들은, 상대편으로부터 원하는 양보를 얻는다면 같은 편에 있는 전투주의자들을 물러나게 할 수 있다는 태도를 보여도 안 될 것이다.

23 분파주의

분파주의는 운동 내 파벌 정치의 막다른 골목이다. 동시에 그것은 막다른 골목에서 살아남을 수 있는, 그것도 오랫동안 살아남을 수 있는 방법이며, 그렇기 때문에 일정한 매력을 갖고 있다.

맨 먼저 활동가들 중 일부가 자기 자신에게, 무엇을 하고 있고, 왜 그런 일을 하는지 설명해 주는 이데올로기를 찾거나 만들어 낸다. 그리고 이 새로운 신념을 잠정적으로만 수용한다. 그래서 운동에 참여하는 동안 그 신념을 지나치게 고수하지 않고, 그것을 공유하지 않는 사람들과도 쉽게 협력한다. 하지만 이후 운동이 패배로 시름하거나 승리하지 못함에 따라 참여자들은 자신들의 느슨한 동지애에 의문을 품기 시작하며 이런 질문을 던진다. 이렇게 미온적인 태도는 어려운 선택과 대면하기 싫은 마음이나 길고 힘든 여정에 대한 두려움을 감추기 위한 것은 아닐까? 그들 가운데 누군가가 이렇게 말한다. 여기 우리가 가야 할 먼 길을 안내해 줄 뿐만 아니라 단기적인 후퇴도 설명해 주며, 우리 운동을 진보의 역사 속에 확고히 자리매김해 줄 이데올로기가 있다. 그렇다면 마땅히 모든 사람이 이 이데올로기를 선택해야 하며, 그것이 보여 주는 세상의 청사진에 따라 활동해야 한다고 말이다.

물론 모든 사람이 이런 제안에 동의하지는 않을 것이다. 하지만 동의하는 사람들끼리는 점점 더 긴밀하게 뭉쳐 지낸다. 그들은 이 이데올로기의 상세한 내용까지 공유하며 자신들과 나머지 사람들을 구분하고 별도로 모임을 갖기 시작한다. 그들은 서로를 검증하는 데 상당한 시간을 보내며, 운동 내부에서 위기가 나타날 때는 서로를 비난하고 쫓아내며 편 가르기에 몰두한다. 이런 의도적 고립은 더 많은 정치적 패배를 가져온다. 각각의 패배에 대해서도 이데올로기적인 설명이 뒤따른다. 설명 체계는 서서히 전체를 아우르고 완결성을 띠며, 변화하는 현실의 모든 경험을 무시한다. 그것은 세상을 이해하는 방법이 아니라 세상으로부터의 보호막, 즉 정치 분파의, 치열하지만 제한된 활동을 보장하는 단단한 껍질로 자리 잡는다. 운동은 승리와 함께 사라질 수 있지만, 분파는 패배에도 불구하고 계속 살아남는다.

이것이 분파들이 밟아 온 역사의 전형이다. 물론 이와 다른 경로를 통해서도 똑같은 막다른 골목에 다다를 수 있다. 그리고 그런 경로들을 따라가다 보면 완벽한 분파적 고립에 도달하기 전에 어떤 정류장에 이를 수도 있다. 운동 단체나 정당의 리더들은 이따금씩 그런 정류장이라도 찾으려 할 것이다. 왜냐하면 기성 정치 세계의 변방에 머물러 있기만 해도 그런 정류장이 운동에 영속성과 안정성에 대한 희망을 제공해 주기 때문이다. 바꿔 말해, 그 정류장은 운동의 추동력 가운데 일부, 이를테면 단일 이슈를 짧은 기간에 해결할 수 있는 추진력 같은 것을 희생하는 대신 일정한 정치적 기반을 마련해 줄 수 있다. 이것이 자기 잇속만 챙기는 선택일 수도 있겠지만, 꼭 그런 것만도 아니다. 뉴욕의 자유당 같은 주변부 정당이나 민주당 개혁파 같은 당내 정치 그룹의 존재가 중요한 정치적 목적을 실현하는 데 기여할 때도 있다. 예를 들어, 그들은 주요 정당이 언젠가 채택할 수도 있는 정책을 개발하고 시험할 수 있다. 혹은 주요 정당을 (작게나마) 이런저런 방향으로 이동시킬 수도 있다. 또한 주요 정당이 포용하지 못한 사회 부문에 손을 뻗어 그들을 동원할 수도 있다. 어떤 경우든 그들에게, 살아남는 것은 언제나 매우 큰 유혹이다.

그러나 계속해서 분파로 살아가는 것의 정치적 목적은 무엇일까? '분파' 혹은 '정파'sect라는 말이 종교의 역사로부터 유래한 것은 우연이 아니다. 종교 분파에게는 살아남는 것이 중요한데, 그 이유는 자신들을 통해 신과 자기 신도들이 참된 관계를 맺을 수 있다고 생각하기 때문이다. 신과 신도의 관계는 그 자체가 목적이며, 다른 사람들의 경험을 참고할 필요가 없는 가치이다. 다른 사람들과 그런 관계를 공유하면 더 좋을 수도 있겠지만, 그것도 분파의 신도들에게나 그렇다. 종교 분파의 구성원들은 이미 자신의 가장 중요한 바람, 즉 신과 참된 관계를 맺는 일을 성취했다. 분명히 말하건대 정치 분파는 그럴 수 없다. 정치 분파의 내부 활동도 놀랄 만큼 활발하고 강렬할 수 있다. 하지만 그들은 다른 사람들을 구원하지 못하면 자신도 구원받을 수 없는 사람들이다.

그럼에도 현실에서는 정치 분파가 외부 활동 대신 내부 활동에 몰두하는 일이 자주 나타난다. 이 말은 전투적 급진파들이 외부 세계에 영향을 미치는 활동을 하지 않으려 한다는 뜻이 아니다. 그들의 이데올로기는 그들에게 이렇게 가르친다. 지금 함께 뭉쳐 당신들이 공유하는 진실을 굳게 믿고 유지하기만 한다면, 세상을 바꿀 수 있는 기회는 더 많이 찾아올 것이다. 실제로 더 많은 기회가 찾아오기도 하고 하나의 운동이 끝난 후에도 계속 남아 있는 이들은 또 다른 운동에 참여하기도 한다. 이따금씩 그들은 이른바 '통일 전선' 전략을 채택해, 신념이 다른 사람들과도 가능한 한 정직하게 협력하며 운동에 도움이 되는 활동을 할 수도 있다. 하지만 그들이 자신들의 내부 활동을 위해 새로운 회원을 충원하려는 목적으로만 운동에 참여하는 것은 아닌지 우려스러울 때가 더 많다. 그들은 시민정치의 핵심적인 특징이라 할 수 있는, 단일 이슈에 대한 헌신, 전술적 유연성, 작은 승리의 가치 같은 것들을 모두 잃어버렸다. 그들은 패배를 기대하는 패배의 전도사들이다. 그런 까닭에 운동 내에서 그들이 발휘할지도 모를 영향력은 언제나 차단하고 경계해야 한다.

24 승리와 패배

승리가 최선이다. 승리하고 있는 모습을 보여 주는 것 또한 최선이다. 운동은 계속되는 일련의 활동으로 이뤄지는 것이기 때문에, 많은 경우 그런 활동에서 성공이 무엇이고 어떻게 그것을 이뤄 낼지를 계획할 수 있다. 이런 성공은 대체로 작은 승리들, 아마도 운동 스스로의 활동을 통해서만 얻게 되는 승리를 의미할 것이다. 성공적인 집회, 지난번보다 더 큰 규모의 행진, 기대했던 것보다(기대를 낮춰야 한다) 더 많은 서명, 운동에 동의를 표하고 지지를 구하는 정치인들, 이 모든 것이 승리의 징표이다. 이런 승리는 운동의 성장을 보여 주며, 운동은 실제로 이렇게 성장하는 모습을 드러냄으로써 성장한다. 시위의 의미와 단계적 접근도 마찬가지다. 시위는 다른 무엇보다도 확장, 즉 참여자 수의 증가와 함께 좀 더 다양한 사회 영역에 있는 사람들의 참여가 의미하는 바를 알리는 데 목표를 둬야 한다.

그러나 활동가들 사이에서는 늘 확장이 아닌 상승, 즉 시위가 이어짐에 따라 전투성을 점점 더 높여 운동(또는 운동에 참여한 일부 사람들)의 점증하는 열기를 온 나라에 알리고자 하는 압력이 존재한다. 하지만 이런 종류의 상승은 거의 언제나 수의 힘을 약화시키고, 운동에 대한 참여와 지지의 사회적 범위를 축소시킨다. 게다가 이런 결과는 재난적일 만큼 갑작스럽게 나타나는 경우도 많다. 이와 다른 방향으로 가기가 심리적으로는 훨씬 더 어려울지 모른다. 하지만 운동의 성장을 극대화하려면 시간이 흐름에 따라 전투성의 강도를 점차 낮춰 가는 것이 더 나을 수 있다. 어떤 경우든 점점 더 많은 사람들에게 다가가고 점점 더 많은 사람들이 참여해야만, 운동은 승리하는 모습을 보여 줄 수 있고 실제로도 승리한다.

작은 패배는 견딜 만하다. 하지만 계속되는 작은 패배들을 견디는 것이 늘 바람직한 것은 아니다. 그런 상황에서 분파적 고립이 유일한 대안이 된다면, 아마도 운동을 해산하는 게 최선의 선택일 것이다. 운동을 만들어 냈던 대의가 여전히 중요하다고 생각한다면, 새로운 사람들과 함께 모여 다른 방식으로 운동을 조직하고 다른 방식으로 운동을 이끌면서 투쟁을 계속할 수 있다. 정치적 대의의 역사는 대체로 이런 양상을 보여 주었다. 수많은 조직과 운동이 부침을 거듭하고, 서로 다른 시기에 정점에 도달하며, 그 가운데 일부는 몰락해서 사라지고 만다. 오랜 시간에 걸쳐 이런 일들이 벌어진 후에야 이런 집단, 저런 운동이 충분히 강한 힘을 길러 승리를 쟁취한다. 대의의 역사가 이러한 이유는, 시민 활동가들에게는 해야할 다른 일(과 다른 대의)도 있기 때문이다. 이들에게 운동은 삶의 전부가 아니며, 전부여서도 안 된다. 활동가들은 기억해야 한다. 그들은 열심히 일해 왔고 (때로는) 지난 활동에 대한 자부심을 안고 전장에서 물러날 수도 있다는 것을 말이다. 그들의 파트타임 활동이 대의에 반드시 필요한 것은 아니다. 대의가 그들의 삶에 반드시 필요한 것도 아니다. 새로운 시작이 필요할 때는 다른 사람들을 위해 길을 터주는 것도 어려운 일이 아니며 어려워해서도 안 된다.

큰 패배는 대개 큰 승리를 너무 빨리 얻으려고 할 때 초래된다. 그렇지만 타이밍을 판단하는 것은 가장 어려운 정치적 선택 가운데 하나다. 가장 뛰어난 전술가의 도움을 받는다 해도 일련의 작은 승리들이 무한정 계속될 수는 없다. 어떤 경우든 좀 더 결정적인 행동, 좀 더 큰 위험의 감내, 좀 더 완벽한 승리를 요구하는 활동가들의 조바심은 시간이 흐름에 따라 점점 더 커지기 마련이다. 이런 조건에서 활동가들이 할 수 있는 일이란, 승리를 얻을 수 있는 운동 바깥의 가능성에 비춰 승리를 향해 고조된 운동 안의 내적 압력이 어느 정도인지를 가늠해 보는 것밖에 없다. 한방의 승리를 위해 모든 것을 거는 리더는 운동을 완전히 파괴하거나, 그렇지 않다면 좀 더 적은 것을 거는 리더에게 자리를 내주게 될 가능성이 높다. 너무 오랫동안 너무 적은 것만 거는 리더도 도박꾼이나 모험가 같은 리더로 대체될 가능성이 높다.

승리가 문제를 낳기도 한다. 승리한 후의 이상적인 상황을 말하자면, 이제 운동을 해산하고 참가자들 가운데 일부는 개인의 삶으로 돌아가고 나머지는 다음 대의를 위한 새로운 운동에 참여해야 할 것이다. 하지만 완벽한 승리는 드물고, 그런 승리가 계속 유지될 것이라는 보장도 없다. 그렇다면 기존 지지자들을 계속 묶어 두며 운동을 로비 단체나 압력 집단으로 제도화하고, 제도권 정치에 거점을 마련하는 데 일정한 노력을 기울여야 한다. 운동에 참여한 꽤나 많은 사람들에게 이런 노력은 배신처럼 보일 것이다. 정말이지 승리를 선언하는 것은 언제든 이렇게 보일 수 있는데, 그 이유는 활동가들이 항상 승리의 성과보다 더 많은 것을 기대하기 때문이다. 하지만 승리하는 방법은 투쟁이 불러일으키는 흥분과 열망을 버릴 때만 찾을 수 있다. 그리고 애초 운동을 시작하게 했던 이슈의 중요성을 다시 생각해 보면, 승리를 얻는 편이 더 낫다. 언제나 또 다른 싸움이 우리를 기다리고 있다.

25 정치활동으로의 초대

앞에서 나는 정치활동이 지리적·사회적 위치에 따라 다르게 나타나고, 한 나라 내지 한 도시 내에서도 지역마다 다르게 나타난다고 이야기했다. 정치활동은 분명 어떤 역사적 시기에 이뤄지느냐에 따라서도 다르게 나타난다. 이따금씩 정치가 흥미진진하고 긴급하고 위험한 때가 있다. 그러나 좋은 사회에서는 이런 때가 거의 없다. 자신이 살고 있는 시기가 어떤 때인지를 판단하기란 매우 어렵다. 왜냐하면 긴급하고 위험한 상황에서도 잘 지내는 사람들이 있는가 하면, "'흥미진진한' 시대에 살라!"는, 옛날 중국 속담의 저주를 받은 것처럼 고통속에 살아가는 사람들도 있기 때문이다. 다른 한편, 조용하고 일상적인 정치는 대개 불의와 억압을 감추고 있는반면, '난세'는 위험뿐만 아니라 기회, 즉 동원과 반란 및 사회적 변화의 시기이기도 하다. 그리고 시민정치는 그런 기회를 활용할 수 있는 가장 중요한 방법 가운데 하나다.

우리는 지금 '난세'가 가져다준 저주와 축복을 동시에 받고 있다. 인종 간 평등과 베트남전 반대를 위한 투쟁은 이전까지 수동적이었던 수많은 시민들을 동원해 냈다. 그러나 이 투쟁은 나라를 반으로 가르고, 기성 정치제도에 감당하기 어려운 압력을 가하며, 산발적이면서도 점점 더 격화되는 폭력을 불러일으켰다. 의심의 여지없이 이 모든 사태의 원인은 현재 이슈와 직접적으로 관련된 것들보다 훨씬 더 깊은 데 있다. 비록 베트남전쟁이 국가적 재앙임이 분명하더라도 말이다. (그리고 직업정치인들과 전문가들이 그 재앙을 야기했다는 것 또한 잊지 말아야 한다.) 하지만 우리가 처한 곤경은 이것이 다가 아니다. 평등과 평화를 위한 정치적 시간 속에서도 우리가 예상했던 것보다 더 심각한 위기가 진행되고 있다.

오늘날 미국 사회에서는, 정부와 경제가 시민들의 효과적인 통제를 점점 더 벗어나고, 시민들 또한 무기력해

지고 파편화되는 가운데 갑작스런 일련의 봉기와 폭동▼
이 벌어지고 있다. 봉기와 폭동은 현실의 불의 때문에 촉
발되었지만, 그렇다 해도 그것이 드러낸 폭력의 힘과 에
너지 또한 불의의 결과라고 말할 수는 없다. 현재의 봉기
와 폭동은 대부분 분명한 종결점이나 명확한 정치적 성격
을 갖지 못한 채 전개되고 있다. 시민정치는 (평등이나 평
화 같은) 대의의 구체적인 필요성뿐만 아니라 체제 전반의
위기 또한 드러내며, 전국적 리더십이나 집단적 규율도
없이 매우 어설픈 모습으로 목표도 없는 전투성을 보여 주
고 있다. 이런 상황에서는 애초 활동가들을 움직이게 한
대의가, 그들의 활동을 뒷받침하는 가장 중요한 근거는
고사하고 여러 근거들 가운데 하나라고 말하기도 어렵다.

아마도 무기력함 그 자체를 제외하면, 무기력함에
대한 인식만큼 정치활동에 혼란을 안겨 주는 것도 없을

▶ 1960년대 중반 이후 미국 대중 운동의 지도자였던 맬컴 엑스, 마
틴 루서 킹, 로버트 케네디 등이 암살당하면서 나타났던 도심 폭동
과 이후 운동의 급진화, 폭력화를 일컫는다.

것이다. 이것은 정치적 난장판이라는 말이 가장 잘 어울릴 만한 상황을 만들어 낸다. 이런 상황에서는 그저 될 대로 되라는 생각, 즉 어차피 시민정치를 통해서는 실질적 효과를 기대할 수 없으니 얄팍하더라도 즉각적인 효과를 어떻게든 거둬 보려는 태도가 난무한다. 그리고 가장 매력적인 즉각적 효과는 극단성과 분노가 만들어 내는 효과이기에, 혁명적 투쟁(혹은 적어도 혁명적 레토릭)의 열기는 점점 더 뜨거워진다. 마치 무기력은 점진적이거나 단계적인 방식으로는 극복할 수 없고, 예상을 뛰어넘는 한 방의 타격으로만 세상을 바꿀 수 있다는 듯 말이다. 이런 식의 시민 활동은 다른 누구보다 신참 활동가들에게 호소력을 갖는 것 같다. 왜냐하면 그들은 이전의 수동적인 역할을 벗어던진 지 얼마 되지 않았고, 정치적 가능성에 대한 인식도 아직 충분히 성숙하지 않았기 때문이다. 하지만 그런 활동은 그 어떤 대의의 실현에도 기여하지 못한 채 패배와 탄압만 불러올 뿐이며, 심지어 그런 패배와 탄압에 대처할 수 있는 나름의 정교한 심리적 준비도 갖추고

있을 것이다. 무기력한 사람들이 패배 말고 다른 무엇을
기대할 수 있겠는가?

　　오늘날 미국에서 시민정치를 한다는 것은 쉬운 일이
아니다. 시민정치가 쉽다고 말하거나 신참 활동가들 눈
앞에 교과서에 나오는 민주주의 모델을 제시하는 것은 어
리석은 일이다. 활동가들은 사회생활의 거의 모든 영역
에서 견고하고 효율적인 관료 조직과 대면할 수밖에 없는
데, 관료들은 활동가들과의 만남을 피하거나 활동가들의
의견에 반대하거나 활동가들의 심신을 피곤하게 만들며,
그렇지 않으면 아예 활동가들이 벌이는 항의의 힘을 흡수
해 버리기도 한다. 정당과 의회의 기능이 저하되면서 시
민들이 정치에 접근할 수 있는 기회가 확연히 줄어들었
고, 한동안 왕성했던 시민들의 정치활동 또한 이전보다
크게 어려워졌다. 그럼에도 불구하고 정치에 접근하는
것은 여전히 가능하며, 관료들을 (장악하거나 바꾸기는 어
려워도) 이런저런 방향으로 밀고 갈 수는 있다는 것을 보
여 주는 증거도 많다.

주의 깊게 조직하고 사려 깊게 이끌기만 한다면 시민운동은 지역 차원에서든 전국 차원에서든 완전한 승리까지는 아니어도 중요한 승리를 획득할 수 있다. 1960년대의 민권운동, 흑인 권력 운동,▼ 평화운동은 모두 미국 정치에 중요한 영향을 미쳤다. 이들 운동은 새로운 지지자들에게 다가갔고, 직업정치인들로 하여금 운동이 제기한 이슈에 주목하도록 만들었으며, 지역에 권력 기반을 마련했고, 행정부의 정책과 관료적 절차도 바꿔 냈다. 이런 (작은) 승리들을 통해 우리가 더 많은 용기를 얻었으면 좋았을 것이다. 그리고 종말론적 논의는 무시하면서 당시 한창 진행 중이던 정치활동의 위험과 희생을 감내하고자 하는 활동가가 더 많았더라면, 그 뒤로도 계속 그런 승리들을 거둘 수 있었을 것이다.

이런 기대를 실현하려면 어떻게 해야 하는가? 이 일은 왜 그렇게 어려운가? 이런 승리를 얻기 위해서는 먼저

▶ 민권운동 내에서 비폭력 개혁파의 온건한 접근을 비판하며 만들어진 흑인 중심의 급진 운동.

자기 통제와 조직적 규율, 그리고 내가 이 책에서 애써 말하고자 했던 정치활동 방식이 필요하다. 이런 활동 방식은 각 단계마다 신중한 접근을 필요로 하며, 즉각적이거나 열광적인 즐거움을 주는 경우는 드물다. 또한 활동가들로 하여금 자신이 혐오하는 견해를 가진 사람들과도 함께 살아가며 그들과 타협하기를 요구한다. 이유는 다른 데 있지 않다. 그 사람들이 더 큰 힘을 갖고 있거나 수가 더 많을 뿐만 아니라 바로 **그곳에** 있기 때문이다. 운동에 참여한 사람들은 현재의 정치활동으로, 내일이나 다음 달에 '모든 권력이 인민에게' 넘어오기를 기대해서는 안 된다. 왜냐하면 그들 자신은 '인민' 가운데 일부만 대표할 뿐이며 그들이 실제로 얻어 낼 수 있는 것(새로 조직된 이런저런 집단이 조금 더 힘을 갖게 되는 것)을 기대해야 하기 때문이다. 물론 이 또한 오랫동안 열심히 활동해야만 얻을 수 있는 성과다.

지금 당장은 이런 목표에 맞춰 오랫동안 열심히 활동하는 것이 중요하다. 우리가 참여해 실현하려는 대의는 의심의 여지없이 중대한 것이다. 하지만 지금 미국에서 일어나고 있는 것과 같은 싸움이 계속될 경우 직면할지도 모를 패배의 위험은 그보다 훨씬 더 중대하다. 현재 이 싸움에 참여한 사람들 중에는, 지역 기반이나 일관된 전략을 갖지 못한 젊은 급진주의자들, 매우 일관된 전략은 갖고 있지만 급진주의자들보다 더 현실과 동떨어진 분파적 이데올로그들, 아무에게도 책임지지 않으며 자신의 행동이 가져올 효과에만 미친 듯이 몰두하는 고립된 테러리스트들이 있다. 시민들의 장기적인 활동이 없다면, 우리 시대의 중요한 정치운동들은 이런 사람들이 관장하게 될 것이다. 단언컨대, 그들이 주도하는 열광적 환상 속의 혁명은 잔혹하고 비열한 탄압으로 끝날 것이며, 이 쓰라린 패배는 그들만이 아니라 다른 사람들도 감당해야 하는 것이다.

전투적 급진주의자들, 분파주의자들, 테러리스트들은 자신들을 인민의 전위라고 생각한다. 아마 전위가 맞을 것이다. 하지만 그들은 패배한 전위이며, 어떤 인민도 그들을 따르지 않을 것이다. 진정한 문제는 시민 활동가들이 다른 길을 개척할 수 있느냐는 것이다. 만약 활동가들이 그 길을 찾아, 자기 목표를 추구하는 데 헌신하면서도 건전하고 꾸준하며 민주적 가능성의 상징이자 도구가 되는 정치운동을 만들 수만 있다면, 수많은 시민들이 그들과 함께할 것임이 분명하다. 이런 시민들이, 패배한 전위와 함께 행진하면서 사라졌던 사람들보다 열정이 약할 것이라고 생각할 만한 근거는 어디에도 없다. 이들은 아마도 시민운동에 참여하는 사람들이 대개 그렇듯이 좀 더 온건할 것이다. 어쩌면 이들 가운데 많은 사람들은 정치활동이 오늘날만큼 긴박하게 요구되지 않는 시대를 바라고 있을지도 모른다. 그들은 끊임없이 영광을 얻으려는 그런 종류의 사람들이 아니다. **하지만 그들만이 우리를 지금보다 조금 더 자유롭고 조금 더 정의로우며 조금 더 민주적인 사회로 데려갈 수 있다.**

운동을 이해하는 다른 관점

1

독자들의 이해를 돕기 위해 왈저의 글을 처음 접하고 이 책의 번역을 결심하게 된 내 경험과 생각을 소개하고 싶다. 이를 통해 왈저가 민주주의를 바라보는 관점, 그가 말하는 운동의 가치와 의미, 그리고 한국 사회의 맥락에서 지난 운동의 문제와 한계를 함께 생각해 보면 좋겠다.

10년 전쯤으로 기억한다. 정치학과 대학원에서 박사 논문을 붙들고 한창 씨름하던 그때, 나는 처음으로 왈저의 글을 읽고 그에 대한 호감을 갖게 되었다. 물론 그전에도 마이클 왈저라는 정치 이론가의 이름을 몰랐던 것은 아니다. 하지만 정당, 선거 등을 다루는 비교 정치를 전공한 탓에, 그의 책이나 논문을 읽을 기회는 드물었고, 당시까지만 해도 내가 그에 대해 아는 것이라곤 '정의로운 전쟁'just war 이론을 개척하고, 공동체주의 관점에서 롤스의 자유주의 정의론을 비판한 학자라는 정도뿐이었다. 그렇게 지나칠 수도 있었는데, 논문 주제를 국민 경선제로 잡고 기존 연구를 검토하던 중에 그가 쓴 "프라이머리(미국식 국민 경선제)가 우리 정치를 망쳤다"는 제목의 짧은 에세이를 읽게 되었다. 흥미롭게도 내가 왈저의 진면목을 엿볼 수 있었던 기회는 운동도 아니고 전쟁이나 정치철학도 아닌 정당에 관한 글로부터 왔다.

내가 국민 경선제에 주목했던 까닭은, 많은 사람들의 긍정적인 평가와 달리 민주주의의 핵심 기제라고 하는 정당의 역할을 무력화하는 제도가 어떻게 개혁으로 받아들여졌고 어떻게 도입될 수 있었느냐는 것이었다. 달리 말해, 당원도 아닌 일반 시민이 당에서 가장 중요한 공직 후보를 선출토록 한 것이 왜 정치 개혁이 아닌지를 다루고 싶었다. 많은 박사 후보생들이 그렇듯 나 역시 통념에

도전하고 싶은 욕구는 강했지만, 그것을 개념과 논리, 증거를 통해 체계적으로 정당화하는 데는 무척이나 서툴렀다. 그런데 왈저는 그 짧은 글에서도 민주주의에서 정당의 역할이 무엇인지, 정당의 후보는 어떻게 선출해야 하는지를 간결하고 분명하게 제시하고 있었다.

왈저에 따르면, 현대 민주주의가 정당을 만든 이유는 이 제도를 통해 특정한 이익 내지 이념을 대표하는 후보를 시민-유권자에게 제시할 수 있기 때문이다. 정당의 목적은 신뢰할 만한 입장을 갖고 있을 뿐만 아니라, 연대와 헌신으로 뭉친 안정된 조직과 연계돼 있기에 그 입장을 고수할 가능성이 높은 후보를 시민 앞에 내세우는 데 있다. 민주주의는 이와 같은 후보를 필요로 하며, 이런 후보가 없다면 선거는 정치적 의미를 상실하며 홍보맨들의 경연장으로 전락하고 만다.

그렇다면 후보는 중앙과 지역에서 당을 이끄는 리더들과 당 안팎에서 적극적으로 활동하는 당원들이 선출해야 마땅하다. 왈저가 보기에, 더 많은 프라이머리가 더 많은 참여를 낳고, 더 많은 참여가 더 많은 민주주의를 낳는다는 생각은 후보 선출의 원리와 대표 선출의 원리를 혼동한 데서 비롯된 것이다. 국가와 정당은 서로 다른 종류의 조직이다. 따라서 이들 구성체의 리더도 서로 다른 종류의 절차에 따라 서로 다른 종류의 사람들에 의해 선출돼야 한다. 국가의 대표는 시민들이 선출해야 한다. 여기서 목표는 시민들이 충분한 정보와 선명한 대안을 제시받고 최대한 많은 사람들이 투표에 참여하는 것이다. 그에 반해 정당의 후보는 당과 실질적 연계를 가진, 훨씬 더 적은 수의 사람들이 선출해야 한다. 여기서 목표는 당의 활동에 적극적으로 참여한 사람들이 믿고 따를 만한 후보를 선출하는 것이다.

이런 이해를 토대로 왈저는 당원들이 대의원을 선출하고 대의원이 당의 후보를 뽑는 전당대회 모델이 가장 바람직하다고 말한다. 이 제도 대안의 이점은 두 가지다. 하나는 당의 노선에 대한 고려와 선거 승리에 대한 고려 모두를 아우를 수 있다는 것이다. 여기서 대의원은 두 부류, 즉 당내 활동가 그룹을 대표하는 이들과 의원, 주지사, 시장 등의 선출직 인사들로 구성될 가능성이 높다. 그러면 활동가 대의원들은 좀 더 선명하며 때로는 극단적인 노선을 선호할 가능성이 높은데, 이때 일반 시민을 대표하며 선거 정치에도 민감한 선출직 대의원들이 균형자 역할을 맡을 수 있다. 다른 한편, 활동가 대의원들 또한 선출직 대의원에 대항한 반란의 기회를 가지며, 그들의 노력 여하에 따라 프라이머리를 정당화하는 당내 기득 질서에 균열을 가져올 수 있다.

다른 이점은 후보 선출 과정에서 논의와 협상 공간을 마련해 당의 화합과 단결을 도모할 수 있다는 것이다. 프라이머리에서는 득표 경쟁이 모든 것을 결정한다. 그래서 누가 더 나은 정책과 자질을 가졌느냐보다 그것을 얼마나 잘 포장해 당원과 시민, 특히 미디어에 잘 보이느냐가 더 중요하다. 그 과정에서 없는 차이까지 만들며 우위 경쟁에 몰두한 나머지 예비 후보와 그 지지자들 간에 갈등이 심화되는 경우도 많다. 반면 전당대회 모델에서는 당내 이견을 대표하는 대의원들이 만나 후보의 자질과 이슈, 선거운동 전략과 정부 운용 방안 등을 놓고 논쟁을 벌일 뿐 아니라 협의와 타협을 통해 당의 힘을 하나로 모을 수 있다.

나는 왈저의 대안이 미국뿐 아니라 한국에도 적실성을 갖는다고 보았다. 게다가 그의 논지 전개에서는 이미 지나 토막말, 여론조사에 의존하는 정치 행태에 대한 비판과 함께 일선 정당 활동가와 동료 시민에 대한 신뢰와 애정도 묻어났다. 무엇보다 그는 정당이 무엇을 위한 도구인지 잘 설명해 주고 있었다. 그렇게 왈저는 내게 강한 인상을 남겨 주었지만, 그에 대한 관심을 계속 이어 가기는 어려웠다. 학위 논문을 마친 후 일자리를 찾고 가족을 돌보고 글을 쓸 때도 주로 비교 정치 분야의 저작들을 살피다 보니 그에 대한 좋은 기억도 점차 사라져 갔다.

2

그렇게 시간이 흐른 후 2019년 초쯤 우연히 왈저의 새 책이 출간되었다는 소식을 접하게 되었다. '운동 정치에 대한 가이드'라니, 이건 또 뭐지? 궁금증이 돋고 마침 시간 여유도 있어 책을 사서 페이지를 넘기기 시작했다. 다 읽고 나니 이 책은 로스앤젤레스에 있는 고등학생들뿐 아니라 한국의 시민운동가와 정당 활동가에게도 꼭 필요하겠다는 생각이 들었다. 그리고 그 고등학생들처럼 좀 더 나은 사회를 바라며 학생운동에 뛰어들었던 지난 대학 시절이 떠올랐다.

1990년대 나의 학생운동에 특출 난 것은 없었다. 입시 지옥을 벗어나 대학에 들어가 보니 모든 것이 자유롭고 행복하기만 했다. 특히 학문과 사회에 대한 생각을 나누며 경쟁보다 우애를 중시하는 선배들의 공동체 문화가 그렇게 좋을 수가 없었다. 그 선배들 다수가 운동권이었고, 대의에 헌신하려는 그들의 모습이 멋있었고, 그래서 그들과 어울려 집회에 나가며 이념 서적을 탐독하기 시작했다.

다행인지 불행인지, 열심히 운동을 하면서도 공식 조직의 높은 자리에 오르거나 언더로 들어가 비밀리에 조직을 이끄는 역할은 맡지 않았다. 최루탄에 눈이 매운 적은 많았지만, 전경이나 백골단에게 얻어맞거나 감옥에 간 일도 없었다. 다만 그렇게 집회 현장을 돌아다니고 조직화를 핑계로 선후배, 친구들과 술 마시며 지내느라 더 많은 책을 보며 공부하지 못한 것은 꽤나 후회스런 일이다.

물론 그 와중에 운동에 대한 회의가 없었던 것은 아니다. 일회성 집회에 더해 '달력 투쟁'이라고 매년 월별로 같은 성격의 행사가 반복되는데다 뚜렷한 성과도 없는 것이 견디기 어려웠다. 그런 시간을 보내며 함께하는 사람들 수가 점점 줄어들다 보니 운동에 대한 믿음도 약해져 갔다. 알다시피 1990년대는 학생운동의 퇴조기였다. 1980년대 학생운동은 대중투쟁을 주도하며 민주화를 성취하는 데 크게 기여했지만, 문민정부 시대의 학생운동은 일반 학생들과 시민들이 호응할 만한 자기 목표를 찾지 못했다. 미국의 학생운동이 민권·반전운동의 전성기를 거친 후 급진 노선으로 우회하며 쇠퇴했던 것처럼, 한국의 학생운동 또한 민주화 투쟁 이후에는 반미·통일 운동의 강경 노선으로 치달았고 이른바 '연대 사태'를 거친 후에는 사회적 존재감마저 상실했다.

그렇게 실패와 좌절, 회의만 켜켜이 쌓인 시간을 거쳤음에도 사회문제에 대한 관심을 버리지는 못했다. 민주화가 되고 정권 교체를 이뤘다지만, 노동자와 서민들의 삶은 팍팍해지기만 했고, 그런 사람들을 대표하는 믿을 만한 정당을 찾기도 어려웠다. 그래서 대학원에 진학해 정치학을 공부하기로 마음먹었다. 내가 경험한 운동의 문제가 무엇인지 알고 싶었고, 선배 세대가 쟁취한 민주주의를 통해 무엇을 할 수 있는지도 궁금했다. 좋은 선생님을 만난 덕분에 민주주의의 의미, 민주화 운동의 한계, 약한 시민사회와 강한 국가의 위험, 정당의 가치와 역할 등에 대해 많은 것을 배웠다. 특히 기억에 남는 것은 민주화 이후 크게 주목받은 준정당적 시민운동의 반정당적 태도가 중산층 중심의 정치로 귀결된 것에 대한 문제 인식이었다.

3

지난 학생운동의 경험에 더해 정당을 중시하는 관점을 배운 이후, 운동에 대한 내 시각은 좀 더 비판적인 방향으로 체계화되었다. 우선 2000년대 이후 반복적으로 나타난 대규모 시위를 남들처럼 긍정적으로만 바라볼 수 없었다. 물론 나 역시 노무현 대통령 탄핵에 반대했고, 광우병 시위를 불러온 이명박 정부의 일방적 정책 결정이 불만스러웠으며, 박근혜 대통령 탄핵 촉구 집회에도 가족과 함께 몇 차례 참가했다. 하지만 운동이 이끌고 언론이 밀어준 대규모 집회가 우리 정치의 문제를 일시적으로 멈추게 할 수는 있어도 좋은 정치를 만들기에는 역부족이라고 생각했다. 달리 말해, 정당이 중심이 되는 대표-책임의 체계에 변화를 가져오지 못하는 한, 운동의 부침과 함께하는 열망-실망의 사이클은 끊임없이 반복될 것이라고 보았다.

문제는 이뿐만이 아니다. 지금 한국의 운동 정치는 그 자체로도 심각한 위기에 봉착해 있다. 운동이 추동한 거리의 정치가 각광받고 그 중심에 있던 인사들 다수가 청와대와 국회, 정부로 진출하는 동안 기존 운동 조직은 점점 더 왜소해지고 대중적 기반 또한 점점 더 취약해지고 있다. 노동운동의 조직적 근간인 노동조합 조직률은 1990년대 이래 꾸준히 하락해 10퍼센트 수준을 간신히 유지하고 있다. 주요 시민운동 단체들 또한 여전히 전문가나 명사들이 주도하며, 언론과 SNS상의 홍보, 법원에 의존한 소송, 정부 프로젝트 수행에 주력하고 있다. 게다가 운동권 인사들이 대거 정치권에 진입했음에도 정당정치와 시민사회 간의 괴리는 전혀 줄어들지 않고, 그에 따른 정치 양극화는 자유로운 의견 표출과 서로 다른 가치를 존중하는 토론 문화를 억압하며 시민사회 공론장을 황폐화하고 있다.

하지만 운동의 문제를 이렇게 정리해도 여전히 석연찮은 점이 남아 있었다. 민주주의 이론의 관점에서 정당의 가치를 우선에 두고 그 역할에 주목하더라도 현실 속의 정당을 보면 그 기대가 과연 실현될 수 있을지 의심스러울 때가 많았다. 국가와 언론, 운동에 기생해 온 정당들이 사회경제적 기반을 갖고 안정적이고 체계적인 조직을 구성해 정부 운영을 둘러싼 건설적 경쟁에 복무하는 존재로 거듭날 수 있을까? 그렇게 하는 데 기여할 수 있는 방법은 무엇일까? 이 질문에 대한 답을 찾지 못하는 한 현실 정치 비판은 메아리 없는 외침에 불과하다는 생각을 지우기 어려웠다.

운동에 대한 비판도 맹점을 갖기는 마찬가지다. 민주주의에서 정당이 아무리 중요하다 해도 운동의 가치와 역할을 무시할 수는 없다. 자유로운 사회에서 잠재된 문제를 드러내거나 현실의 불의·부정에 맞서 해결을 촉구하는 운동의 출현은 바람직할 뿐만 아니라 불가피한 일이다. 게다가 운동은 왈저가 말했듯이 이슈 전개와 조직 발전 양상에 따라 압력 단체로 자리 잡거나 정당과 연합을 형성하거나 정당 그 자체로 제도화되기도 한다. 당연히 이들 모두는 시민사회를 두텁게 하는 요소들이다. 그렇다면 촛불 시위로 대표되는 운동에 대한 칭송과 주요 사회운동 단체들의 쇠퇴가 함께하는 이율배반적 상황을 비판하는 데만 머무를 수 없다. 이런 상황을 극복할 수 있는 방법을 찾아야만 한다.

4

이런 고민들이 머릿속을 맴돌던 중에 왈저의 책을 만나게 되었다. 운동 정치의 방법을 다룬 이 책은 내가 지난 학생운동의 경험을 성찰하고 현실 정치의 문제를 이해하는 데 큰 도움을 주었다. 운동이 시작되는 상황에 대한 이해부터 패배를 받아들이며 다시 한 번 운동에 나서는 태도에 이르기까지 운동을 둘러싼 거의 모든 이슈에 대해 사려 깊고 현실적이며 위트 있는 그의 조언은, 운동에 대한 실망과 우려를 불식시키며 우리 운동이 처한 곤궁을 이겨내기에 좋은 지침이다. 비록 정당 문제를 본격적으로 다루진 않지만, 기층 단위 정당 활동과 사회운동에 큰 차이가 없음을 감안하면 정당 활동가들이 당의 사회경제적 토대를 구축하는 데도 기여할 수 있는 내용이다.

운동에 참여하는 과정에서 맞닥뜨리는 각각의 문제와 그에 대한 왈저의 해법에 내가 따로 덧붙일 말은 없어 보인다. 독자들이 운동의 현실과 대면하며 얻게 되는 나름의 해석과 판단을 통해 책으로부터 도움을 받거나 부족한 부분을 채워 나가면 좋겠다. 다만 왈저가 이 책 전반에 걸쳐 경계의 뜻을 밝힌 관념적·낭만적 급진주의의 문제만큼은 짧게나마 의견을 말하고 싶다.

왈저는 책의 서두에서부터 현재 상황과 경험에 대한 고려 없이 전문가들이 제시하는 추상적인 이론을 따르는 행동은 충성스런 지지자들의 조바심 넘치는 기대에 불과하다고 말한다. 그러면서 활동가들이 무엇을 할 수 있고 할 수 없는지를 판단할 때 그들이 실제로 만들어 낼 수 없는 정치사회적 변화의 망상에 빠지지 말라고 강조한다. 그 망상의 오류는 이슈 정의, 지지층 찾기, 연합 형성, 전투적 공격, 분파주의 등 여러 활동 영역에 걸쳐 다양한 형태로 나타나지만, 혁명 내지 혁명을 지향하는 정치 또한 빼놓을 수 없다. 대명천지 민주주의 시대에 혁명이 무슨 걱정인가 싶겠지만, 지난 촛불 시위 이후 혁명은 빠르게 우리 사회의 유행어로 자리 잡았다.

'촛불 혁명'이 민주주의 후퇴를 막은 역사적 사건에 붙여진 레토릭에 그친다면 크게 우려할 것은 없다. 하지만 그 촛불 혁명이 대의제 민주주의를 넘어 시민이 '진정한' 주권자로 나서는 직접민주주의, 숙의 민주주의로 구현되고 여기에 체제 변혁적 의미가 부여되면 문제는 달라진다. 민주주의에서 시민은 운동이든 이익집단이든 정당이든 결사체로 조직될 때만 그 힘을 온전히 발휘할 수 있다. 이런 조직적 기반을 강화하려는 노력 없이 직접민주주의나 숙의 민주주의를 말하고 실천하는 것은 지나치게 낭만적이거나 좋지 않은 의미에서 마키아벨리적이다. 그것이 낭만적인 이유는 마치 시민들이 견해와 이해관계 모두에서 상호 동질적이거나 조화로운 주체인 것처럼 생각하기 때문이다. 그것이 마키아벨리적인 이유는 시민들에게 권력을 넘겨준다는 말이 사실은 자신들의 권력 획득과 강화 의도를 가리는 수단일 뿐이기 때문이다.

왈저는 1960년대 미국에서 참여민주주의 혁명을 주창했던 신좌파 운동을 돌아보며 이렇게 말한 적이 있다. "그 젊은이들은 다 어디로 갔는가? 그저 지쳐 떨어져 나간 이들도 있고, 내부 분파 투쟁으로 탈진한 이들도 있고, 혁명적 비전에 의해 타락한 이들도 있고, 대항문화의 잔해 속으로 사라진 이들도 있다. … 정치적 좌파의 불꽃은 끊임없이 타오르지 않는다. 불꽃은 확 타오르고, 젊음은 소비된다. 그 후 남은 것은 정치적 철수의 잿더미, 광신적이고 파당적인 변절, 개인적인 기회주의이다. 물론 이것이 그 이야기의 전부는 아니다."▼

한국의 민주화 운동, 학생운동, 노동운동, 시민운동, 정당 운동은 어떤가? 우리는 아직 남아 있는 이야기를 어떻게 채워 나갈 수 있을까?

▶ Michael Walzer, "The Pastoral Retreat of the New Left," *Radical Principles: Reflections of an Unreconstructed Democrat*(New York: Basic Books), p. 175.

5

이 책을 번역하는 과정에서 많은 분들의 도움을 받았다. 특히 초고를 읽고 엄밀한 조언과 따듯한 격려를 아끼지 않은 주승원, 손민균, 정혜윤에게 큰 빚을 졌다. 후마니타스 편집부 또한 거듭되는 번역 수정 과정에서 매번 꼼꼼하고 정확한 검토 의견을 전해 주었다. 책에 대한 그들의 노고와 열정이 부럽고 감사하기만 하다.

문학 비평가이자 왈저의 정치적 스승인 어빙 하우는 글쓰기에도 민주주의가 필요함을 조언했다고 한다. 보통 사람들도 쉽게 읽고 이해할 수 있게 하는 것이 민주적 글쓰기란 뜻이다. 여러 사람들이 이 번역의 초고나 재고를 읽고 또 읽어 주며 독자를 존중하고 배려하는 의견을 말해 주지 않았다면, 이 책은 많은 부분에서 난해하고 현학적인 번역에 그치고 말았을 것이다.

마지막으로 아마 이 책의 12장 '여성 문제'가 가장 와닿는다고 말할 아내 이용란에게 깊은 감사와 사랑의 마음을 전하고 싶다.